Ferdinand Pont

Friedrichstadt an der Eider

Ferdinand Pont

Friedrichstadt an der Eider

ISBN/EAN: 9783955641757

Auflage: 1

Erscheinungsjahr: 2013

Erscheinungsort: Bremen, Deutschland

@ EHV-History in Access Verlag GmbH, Fahrenheitstr. 1, 28359 Bremen. Alle Rechte beim Verlag und bei den jeweiligen Lizenzgebern.

Friedrichstadt a. d. Eider

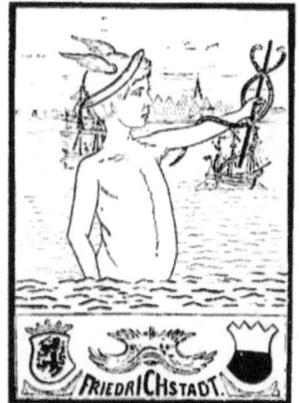

Die holländische Kolonisation an der Eider und die gottorpische Handelspolitik in den letzten dreißig Jahren des spanisch-niederländischen Krieges ::

von

F. Pont.

1913.
Verlag von Ernst Klinger, Friedrichstadt.

Herzog Friedrich III.
der Gründer der Stadt Friedrichstadt (1621).

Vorwort.

eim Erscheinen dieses Büchleins, das der erste Teil eines größeren Werkes über Friedrichstadt sein soll, ist es mir eine angenehme Pflicht, allen, die mir bei meiner Arbeit geholfen haben, herzlich zu danken.

Die Korrespondenz über die Quellen der Geschichte unserer Stadt, die mein Vorgänger, Herr Pastor Dr. Sax, mir zur Verfügung stellte, erwies mir manchen Dienst. Das freundliche Entgegenkommen des Herrn Geh. Archivrats Dr. de Boor und des Herrn Archivrats Dr. Kupke im Staatsarchiv zu Schleswig erleichterte mir die Arbeit. Die Stadtvertretung Friedrichstadts gestattete mir wohlwollend, die Geschichtsquellen aus ihrem Archiv zu Rat zu ziehen und eine Reproduktion von dem Bilde des Gründers unserer Stadt, das im Rathaus hängt, anfertigen zu lassen. Dem Herrn Landeshauptmann Graf Platen zu Kiel und Herrn Prof. Dr. Haupt verdanke ich die Klischees des Tönninger und Gottorper Schlosses, die dem Werke des Letzteren über die Bau- und Kunstdenkmäler in Schleswig-Holstein entliehen sind. Herr Lehrer Willers Jessen in Eckernförde war so liebenswürdig, mir eine photographische Platte zur Anfertigung der Klischees in Beilage 4 leihweise zu überlassen. Herr Pastor Eldering und Herr Oldemans zu Rotterdam übermittelten mir freundlichst die Kopie einiger Brieffragmente aus dem Archiv der remonstrantischen Gemeinde zu Rotterdam. Und manche kleinere und größere Hilfeleistung von seiten guter Freunde wird mir in angenehmer Erinnerung bleiben. Ich brauche Herrn Oberlehrer Dr. Harry Schmidt, Flensburg wohl nicht mit vielen Worten zu versichern, daß ich dabei vor allem an seine Korrektur denke.

Meinem Verleger, Herrn Ernst Klinger, rechne ich es hoch an, daß er mit mir ein finanzielles Risiko übernimmt, das mir allein zu groß sein würde.

Hoffentlich verdienen und finden unsere Bemühungen das Interesse, das wir zur weiteren Publizierung der Geschichte Friedrichstadts nicht entbehren können.

Friedrichstadt, Januar 1913.

F. Pont.

Zu den Bildern.

1. **Titelbild.** Im Hintergrund sieht man den Umriß der Stadt, der dem Prospekt Friedrichstadts, der sich auf einem Plan des Jahres 1719 befindet, entnommen ist. (Siehe die Sammlung im Remonstrantenhaus zu Friedrichstadt.)

2. **Bild des Herzogs Friedrich III.** Reproduktion des Bildes im Rathaus zu Friedrichstadt.

3. **Stadtpartie mit Turm der remonstrantischen Kirche.** Das Schiff im Hafen wurde nach einem alten Kachelbild gezeichnet, das einen holländischen Dreimaster „de Vreyheit" darstellt. Das Bild trägt als Überschrift: Föhr 1632.

Das Wappen neben der Stadtpartie ist, ebenso wie der stilisierte Kopf des Seemonstrums unten auf dem Titelbild, einer Vignette auf dem Titelblatt des Friedrichstädter Rechts entliehen.

4. **Bild Seite 17. Buchstabenvignette.** Das Motiv ist dem Siegel der Gesellschaft zur Trockenlegung der Megger-, Barmer- und Bergenhusener Seen entliehen. Es trägt den Sinnspruch: „Deo iuante" (mit Gottes Hülfe).

5. **Bild Seite 18. „Auf dem Markt".** Wenn die alte Marktfrau schon nicht als Typus des Marktlebens gelten kann, so hat sie doch ihren typischen Wert. Die Frau mit dem Tischlein ist eine Reproduktion eines Bildes auf einer Karte des schleswig-holsteinischen Landes zwischen Friedrichstadt und Eckernförde entnommen und steht da neben dem ältesten Grundriß Friedrichstadts vom Jahre 1648. Man findet die Karte in Danckwerth's Chronik. Die remonstrantisch-reformierte Gemeinde besitzt ein Exemplar, das, in Abweichung von der Danckwerth'schen Karte, farbig ist und zu einem spanischen Buch gehört hat; es war ein Werk in Folio, in dem u. a. das schleswig-holsteinische Land beschrieben wird. Die Karte gehört zum Kapitel „Parte Meridional de la Capitania de Gottorp", das auch eine kurze Beschreibung von Friedrichstadt enthält.

6. **Bild Seite 27. Teil des Statthalterhauses,** gewöhnlich „die alte Münze" genannt. Friedrichstadt hat jedoch nie eine eigene Münze gehabt. Der Giebel ist mit sehr guter Bildhauerarbeit in Sandstein geschmückt. Über dem Eingang ist das Wappen der Familie van Moersbergen angebracht. Wer sich für die Topographie von Friedrichstadt interessiert, muß sich immer wieder die Frage vorlegen: Wie kam der Statthalter dazu, ein hervorragend schönes Gebäude mit kostbarer Skulptur und mit Stalltüren und Speicherböden an der Straßenfront zu errichten und hinter diesem monumentalen Stall- oder Packhausraum seine Wohnung ohne jeglichen Schmuck zu bauen? Wahrscheinlich hatte van Moersbergen größere Pläne. Der Gebäudekomplex, der jetzt als Mennonitenkirche und alte Münze bekannt ist, war vielleicht der Anfang eines größeren Ganzen, eines Statthalterpalastes. Jedoch wird das Problem der „alten Münze" den wißbegierigen Friedrichstädter wohl noch lange quälen, ohne sich lösen zu lassen.

Im Hintergrunde steht das alte Packhaus, ein Veteran, der zu den ersten Gebäuden gehört hat. Im Jahre 1910 wurde es als verfallener Kohlenschuppen niedergerissen. Das gewaltige Balkengerüste aus Eichenholz, das zum Vorschein kam, zeugte von dem soliden Sinn der ersten Kolonisten. Um 1700 war das Packhaus eine der Mälzereien, deren es zu jener Zeit sehr viele in Friedrichstadt gab. Das Grundstück zwischen diesem Haus und dem Nebengebäude zur linken Seite des Statthaltergiebels war ehemals unbebaut. Der Vordergiebel dieses Eckhauses blickte auf diesen Hof.

7. **Bild Seite 27 unten. Das Wappen der Familie van Moersbergen.** Devise: „Omne solum forti viro patria." (Dem Mutigen Mann ist jeder Boden ein Vaterland.)

8. **Bild Seite 28. Das Gottorper Schloß mit Umgebung.**

9. **Bild Seite 29. Das Gottorper Schloß im 17. Jahrhundert.**

10. und 11. **Bilder Seite 31 und Seite 39.** Ohne historischen Wert. Im zweiten Bild ist das vordere Schiff nach dem Muster eines alten Kachelbildes, das im „Grafenhaus" (Ecke Mittelburgwall und Lohgerberstraße) eingemauert ist und vor einigen Jahren wieder hinter den Tapeten entdeckt wurde, gezeichnet.

12. **Bild Seite 40. Tönning mit Tönninger Schloß.**

13. **Bild Seite 47. Lateinische Gedichte des Narssius.**

14. **Bild Seite 49. Titelvignette zweier Gedichte.**

FRIEDRICHSTADT I.

Urbis Prosopopoeia.

Eydera me firmat salsis, Trena
    dulcibus undis:
Sed magis auspicium, Dux Frederice,
    tuum;
Libera quo terris commercia, libera ponto,
Et Patriae leges Relligioque manent.
Pacis opes faustum promittit nominis omen,
Has quoque Dux Pacis det, Frederice, tibi.

                Joannes Narssius Anastasius
MDCXXII.   Dordracenus Med. D.

Die holländische Kolonisation an der Eider und die gottorpische Handelspolitik in den letzten dreißig Jahren des spanisch-niederländischen Krieges.

An der Westküste Schleswigs liegt auf einer Insel, die durch Treene und Eider und die Kanäle, die diese zwei Flüsse verbinden, gebildet wird, das fast dreihundert Jahre alte Friedrichstadt, ein kleiner Ort zwischen den Landschaften Eiderstedt und Stapelholm. Es muß sich gefallen lassen, daß andere Orte, z. T. auf Kosten von Friedrichstadts Wohlfahrt, zu bedeutenderen Städten heranwachsen, und es hat es sich fast eben so lange, wie es besteht, aus dem Sinn schlagen müssen, mit Hamburg zu wetteifern.

Es sind jetzt fast dreihundert Jahre her seit den Tagen, da Friedrich III. als Herzog auf dem Schloß Gottorp große Pläne schmiedete und unternehmende holländische Kaufleute dem Fürsten mit ihrer Energie und ihrem Gelde entgegenkamen. Damals hat es seine Jugendträume gehabt mit Perspektiven in eine glänzende Zukunft.

Die Geschichte der Enttäuschungen, die Friedrichstadt erlitten hat, ist tragisch und interessant. Es ist die Geschichte einer ziemlich abenteuerlichen, jedoch wohl bedachten Kolonisation von Holländern des siebzehnten Jahrhunderts. Sie erscheint nicht nur dem niederländischen Historiker der Mühe des

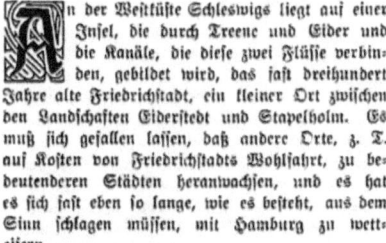

Die Eider befestigt mich mit salzigen und die Treene mit süßen Wellen, aber dein Schutz befestigt mich noch mehr, Herzog Friedrich, durch welchen auf Erden und auf dem Meer der Handel frei bleibt und auch die vaterländischen Gesetze und die Religion frei bleiben. Das günstige Vorzeichen des Namens verspricht die Reichtümer des Friedens. Möge der Herr des Friedens diese Dir, Friedrich, auch geben.
                Joannes Narssius Anastasius
1622.   Med. Doktor zu Dordrecht.

Studierens wert, sondern ist auch für die Kenntnis der Handelsverhältnisse in den Herzogtümern Schleswig und Holstein von Bedeutung.

Und das Thema verdient, noch einmal behandelt zu werden. Zwar hat G. Brandt in seiner „Historie der Reformatie" schon im 17. Jahrhundert einen ziemlich genauen Bericht über die Erbauung und die erste Entwicklung der von ausgewanderten Remonstranten gebauten Handelsstadt und religiösen Freistadt an der Eider gegeben, und später haben Vollenhoven, Tideman, Rogge und vor allen Mensinga viel zur Kenntnis der Geschichte Friedrichstadts beigetragen. Doch keiner von ihnen hat die sehr wichtigen, ausgebreiteten, zum größten Teil in holländischer Sprache geschriebenen Korrespondenzen und anderen Aktenstücke, die im preußischen Staatsarchiv zu Schleswig sich finden, zu Rate ziehen können. Gerade in ihnen bietet sich sehr umfangreiches Material mit vielerlei Neuem dar. Nicht am wenigsten interessant sind diese Akten, weil sie reichlich Stoff zu Charakterstudien über die in den Vordergrund tretenden Personen enthalten.

Mein Bestreben ist, den Lesern das Leben der holländischen Kolonisten in Friedrichstadt während der Jahre 1621—1648 zu beschreiben und den Verlauf der Handelsunternehmungen in dieser Zeit wiederzugeben. Als bedeutende Männer treten die folgenden hervor:

Friedrich III., der Gründer; Willem van Hoven, Heer van de Webbe, der bedeutendste Kolonist; Adolf van de Wael, Heer van Moersbergen (sprich: „van de Waal" und „Mursbergen"), der Statthalter und Quirinus Jansenius, der spanische Kommissar, der einen sehr nachteiligen Einfluß auf die erste Lebenszeit der jungen Stadt ausübte.

Die Beschränkungen, die ich mir auferlegen muß, zwingen mich, ein paar Personen, die eine wichtige Rolle in der Kolonie spielten, weniger eingehend zu behandeln, als ich wohl wünschte. Nämlich Grevinchhovius, der als Direktor der remonstrantischen Brüderschaft und als erster Pastor von Friedrichstadt sich um die Kolonie verdient machte, und Rektor Gualterus, der ihr Gesetzbuch schrieb und ihr auch als Stadtschreiber treu diente.

Zumal in der Gründungsgeschichte mußte ich unvollständig sein. Ich teilte das schon Bekannte nur insofern mit, als es zum rechten Verständnis notwendig war. Im Ganzen bezweckte ich mehr, ein deutliches Bild der Ereignisse und der typischen Persönlichkeiten zu entwerfen, als eine vollständige Wiedergabe der bearbeiteten Urkunden zu liefern.

---

s war für viele Bewohner Hollands eine böse Zeit, als die Gegner der Remonstranten in Staat und Kirche den Sieg errungen hatten und der streng konfessionelle Calvinismus eine mildere Richtung, die zuerst den Ton angegeben hatte, überflügelte. Den ganzen Druck seiner Macht ließ er die remonstrantischen Gegner fühlen. Die Synode von Dordrecht hatte sie wegen ihrer ketzerischen Gedanken über die Prädestinationslehre kirchlich verurteilt und vernichtet, die ihren Prinzipien treuen Pastoren waren des Landes verwiesen, und wenn man schon den übrigen Andersgläubigen gegenüber nachsichtig war, den Arminianern*) wurde das Leben sauer gemacht. Brandt sagt: „Gegenüber den Remonstranten, die innerhalb des Landes ihre Versammlungen abhalten wollten, war man schonungslos. Gegen sie vornehmlich waren die Erlasse gegen die Ketzer gerichtet; die Strafen waren so strenge, daß viele mutlos wurden und auf den Gedanken kamen, das Land zu verlassen und sich anderswo niederzulassen. Einige warfen ihr Auge auf Holstein mit der Absicht, dort eine neue Stadt an der Eider zu bauen, wenn man ihnen genug Freiheit gönnen wollte. Sie wußten, daß der Herzog bereit sei, den Bau zu fördern; deshalb brachten einige es dahin, daß jemand die Sache mit dem Herzog besprach. Dieser wollte nichts lieber als solche, die über die Strenge der Behörden hier zu Lande klagten, durch viele Privilegien an sich ziehen, sein Land mit Menschen bevölkern und durch Handel bereichern; darum verlieh er den Remonstranten ein weitgehendes Oktroi und erlaubte ihnen freien Wohnsitz und Ausübung ihrer Religion im herzoglichen Gebiet, an einem sichern Orte; da durften sie eine Stadt

*) So wurden die Remonstranten nach Arminius genannt, dessen Auftreten an der Universität zu Leiden zu der gegen die Remonstranten gerichteten Agitation den Anstoß gegeben hatte.

bauen, in der sie selbst die Regierung in Händen haben sollten." Also teilt G. Brandt mit. Die Sache war aber nicht so einfach, wie sie hier dargestellt wird. Als „die Arminianer" mit ihrem Ansuchen zum Herzog kamen, wurden sie zuerst abgewiesen. Man muß dabei jedoch nicht an die Führer der remonstrantischen Bewegung, sondern an eine kleine Zahl von Privatleuten denken, unter denen Wilhelm van Hoven, Heer van de Webbe, die Hauptrolle spielte. Derjenige, der die Sache zuerst mit dem Herzog besprochen hat, wird wohl der ausgewiesene Pensionaris von Haarlem, Johannes de Haen (sprich: „de Haan"; „ae" ist immer „aa") gewesen sein. Er war zum herzoglichen Rat ernannt und wohnte auf dem Schloß zu Tönning. Die Kolonisation in Schleswig-Holstein hat in ihm immer einen eifrigen Vertreter gefunden. Es ist jedoch eine offene Frage, von wem ursprünglich der Gedanke ausging, mit holländischen Kräften eine neue Stadt zu erbauen. Jedenfalls zauderte der Herzog zuerst, bis er den Remonstranten Erlaubnis gab. Wir lesen nämlich in einem Brief eines holländischen Korrespondenten des Herzogs, namens Adriaen van Husijen: „Mir wurde mitgeteilt, daß die Arminianer sich angeboten hätten, jedoch zurückgewiesen seien, weil man keine Unannehmlichkeiten mit den Staaten von Holland haben wollte, daß man sich jedoch die Sache näher überlegt und bestimmt habe, daß man die Arminianer nicht zurückweisen würde, wenn sie in so großer Zahl kämen, daß die öffentliche Ausübung ihrer Religion eine Kirche erforderlich machte." Wie sehr man die Aufnahme der in Holland als Ketzer gebrandmarkten Remonstranten erwogen hat, geht aus einem Entwurf für den Anfang des Oktrois hervor, der unter den Akten des gottorpschen Archivs sich erhalten hat. Es ist ein Stückchen Theologie, das beweist, wie weit ein liberaler Fürst in jenen Zeiten noch von unseren Auffassungen über Gewissensfreiheit entfernt war. Wir lesen: „Weil uns von glaubwürdigen und angesehenen Personen mitgeteilt ist, daß vielen Leuten in Holland, die Remonstranten genannt werden, die freie Ausübung ihrer Religion untersagt sei, und wir nicht verstehen, daß jemand in seinem Gewissen gezwungen werden solle, wenn er glaubt, daß Gott alle Sünder, die in Adam gefallen sind, geliebt habe, und daß er Christus gesandt, um die Sünde des ganzen menschlichen Geschlechts zu tragen, und daß er niemand die Frucht des Todes seines Sohnes genießen lasse, es sei denn, daß er ihn im wahren Glauben annehme. Daß Gott auch niemand zum Glauben und zur Seligkeit rufe, dem er nicht genügend Gnade und Kraft geben wolle, um glauben zu können. Daß auch derjenige, der glaubt, zuleben solle, daß er nicht falle, obgleich es nie und nimmer an Gott fehlen solle, wenn er falle und vom Glauben abtrünnig werde, so ist es, daß wir mit Barmherzigkeit bewegt usw." Es war eine Zusammenfassung der remonstrantischen Auffassungen über die Prädestinationslehre. Der Herzog nahm sie jedoch, in seiner Barmherzigkeit, nicht als Norm für Gewissensfreiheit ins Oktroi auf, wahrscheinlich zum Bedauern seiner Mutter und der Hoftheologen, denen die liberalen Neigungen des jungen Fürsten nicht ungefährlich vorkamen und die wohl lieber gegenüber den neuen Kolonisten die Grenzen der Gewissensfreiheit enger gezogen hätten. Jedoch Friedrich III. hatte seine eignen Gedanken und seinen eignen Willen.

Wohl war er eine sympathische Figur, jener junge, energische Mann, der sich, als er nach dem Tode seines Vaters die Regierung antrat, als Ziel setzte, sein kleines Land zur Blüte und Bedeutung zu bringen und zu dem Zwecke immer neue, so weit erstreckende Pläne entwarf. Seine Neigung richtete sich nicht auf das Kriegswesen; demgemäß bemühte er sich, so gut oder schlecht es ging, den Plagen des dreißigjährigen Krieges auszuweichen; doch konnte er nicht verhindern, daß sein Land durch Tillys und Wallensteins Soldaten schwer gelitten hat und in seiner Entwicklung behindert wurde. Seine besten Kräfte konzentrierte er auf die Förderung von Kunst, Wissenschaft und Handel. Der Tönninger Jürgen Ovens, ein Schüler Rembrandts, erhöhte in späteren Jahren als Hofmaler durch seine guten Gemälde den Stand der schönen Künste am Gottorper Hof. Die ausgewanderten Remonstranten von Bedeutung hätte er am liebsten alle an sich gezogen; jedoch Männer wie Grotius und Wtenbogaert glaubten nicht darauf eingehen zu sollen. Dagegen waren Johannes de Haen, Vorstius, Dr. Floris van de Waerde und van Moersbergen andrer Meinung. Vor allem bestrebte sich der Herzog, holländische*) Kaufleute anzulocken.

---

*) Anm. Wir beschränken uns auf die Bestrebungen des Herzogs in Bezug auf Holland.

Seine weitherzige Lebensauffassung setzte ihn in Stand, über religiöse Bedenken hinwegzukommen, die man in seiner Zeit gewöhnlich als nicht zu beseitigende betrachtete. Es war eine Liberalität, die seiner Regierung zur Zierde gereicht, sei es auch, daß dabei seine Weltklugheit und sein Handelsgeist ausschlaggebender waren als sein religiöser Idealismus. Es war ihm auch bei der Gründung Friedrichstadts nicht so sehr um Religionsfreiheit als wohl um den Handel zu tun. Demgemäß wollte er den Remonstranten nur dann freie Hand geben, wenn so viele kämen, daß der Bau einer Kirche notwendig sein würde. Das heißt in weniger idealistischer Form: wenn so viele kämen, daß er auf einen bedeutenden Vorteil durch die Kolonisation hoffen könnte.

Was er bezweckte, war, von seinem Standpunkt betrachtet, nicht übel. Er erwartete einen großen Erfolg von den Handelsverbindungen mit Spanien, jedoch fehlten ihm Kapital, Kaufleute, Kapitäne und Schiffe. Nun denn: die Holländer hatten Geld, Schiffe und Unternehmungsgeist, sie waren jedoch als Rebellen vom Handel mit Spanien ausgeschlossen. Nun wollte der Herzog die Holländer massenweise ins Land ziehen und sie eine neue Stadt mit einer, nach dem holländisch-republikanischen Regentensystem eingerichteten Regierung gründen lassen; als herzogliche Untertanen konnten sie dann unbehindert nach Spanien fahren. Natürlich wollte er sich nicht auf die spanische Fahrt beschränken, jedoch sollte sie vorläufig die Hauptsache sein. Es war fein ausgedacht; es sollte jämmerlich mißlingen. Zweifelsohne haben unberechenbare Einflüsse dabei mitgewirkt, aber es muß auch zugestanden werden, daß die gegebenen Verhältnisse, mit denen gerechnet werden sollte, das gewagte Unternehmen kaum rechtfertigen.

Auch drängt sich bei der Erforschung der Geschichte der ersten Jahre Friedrichstadts uns die Überzeugung auf, daß der begabte Herzog mehr ein lebhafter Geist war, der große Projekte entwerfen und kecke Spekulationen mit Energie einleiten konnte, als ein überlegener Kopf, der ein Unternehmen mit ruhiger Einsicht organisiert, befestigt und vor schlechter Verwaltung zu sichern weiß. Auf dem Throne eines Reiches, das mehr materielle Hülfsmittel und hervorragende Persönlichkeiten zur Verfügung hätte stellen können, wäre er mehr an seinem Platz gewesen; im kleinen Schleswig-Holstein war es unvermeidlich, daß seine Neigungen ihn immer wieder dazu trieben, weiter greifen zu wollen, als sein Arm reichte. Als Fürst eines bedeutenderen Staates hätte er Mittel, die innerhalb seiner Machtsphäre lagen, zu etwas großem vereinigen können; als Herzog eines kleinen Landes ließ er sich zu Kombinationen verleiten, die nur in seiner Phantasie ein wohl zusammengefügtes Ganzes waren, jedoch in der Wirklichkeit dem Projektmacher entwischten, weil die verschiedenen Unterteile nur durch Zwang zum Zusammenwirken hätten gebracht werden können. Und dazu fehlte es ihm an Macht. So wurden viele seiner Unternehmungen zu abenteuerlich.

In der Wahl seiner Helfer ist er oft sehr unglücklich gewesen. Statthalter van Moersbergen war ein Edelmann aus der Utrechtschen Ritterschaft, der unter den Regenten von Friedrichstadt wahrlich nicht der rechte Mann am rechten Ort genannt werden konnte. Er machte sich durch seine taktlose Herrschsucht verhaßt und verschwand, ohne daß ihn jemand zurückgewünscht hätte, es sei denn der freche Quirinus Jansenius, der spanische Kommissar, mit dem er gegen die Herren vom Stadtrat auftrat. Der Kommissar war ein Mann, der die Gabe besaß, mit seiner spanischen Anstellung den Herzog einzuschüchtern und sich ungestraft zu den größten Machtmißbräuchen zu erdreisten. Und was van de Wedde betrifft: wie gern möchte man sich beim Lesen seiner manchmal gesalzenen Briefe einreden, daß ihm alles mißlungen sei, weil das Schicksal und die Feindschaft seiner Neider ihm übel wollten; jedoch muß man schließlich zugeben, daß dieser tatenfrohe, alles unternehmende und immer neue Pläne schmiedende Pionier der neuen Kolonie an der Eider zu jenen wilden Naturen gehörte, deren Leben Schiffbruch erleiden muß, wenn ihnen das Glück nicht in allem günstig ist. Dennoch ist Willem van Hoven, Heer van de Wedde, Westerwolde en Blyham, ein Mann, der verdient, mit Hochschätzung genannt zu werden und besser bekannt zu sein, als es bis jetzt der Fall war.

Um van de Wedde konzentriert sich die erste Periode der Stadt, deren Geburtsgeschichte sich am besten aus seinen Briefen zusammenstellen läßt. Wie er zuerst mit dem Herzog in Berührung kam, ist nicht bekannt. Er war kein ausgewiesener Remonstrant. Selber sagt er, daß er das Vaterland verlassen habe, obschon es nicht notwendig gewesen sei und obschon seine Freunde ihm davon abgeraten hätten, sich auf die Pläne des Herzogs einzulassen. Sein abenteuerlicher Kaufmannsgeist spiegelte ihm in jener Stadt, wo er der große Mann sein würde, eine glänzende Zukunft vor. Es ist ihm gelungen, das Vertrauen des Herzogs zu gewinnen, jedoch war er nicht der Vertrauensmann der Führer der Remonstranten. Indem van de Wedde mit leidenschaftlicher Propaganda alle Bedenken zerstreuen wollte und dabei mithalf, daß seine Volksgenossen durch glänzende Vorspiegelungen und schändlich übertriebene Verherrlichung der Gegend, in der kolonisiert werden sollte, irre geführt wurden,*) neigten sich die Direktoren der Remonstranten, Wtenbogaert, Grevinchhovius und Episcopius, nur zaudernd zu den Plänen des Herzogs, mit einer scharfsichtigen Besonnenheit, die durch die Geschichte als richtig bestätigt ist. Ihnen galten die Interessen der Remonstranten als das Wichtigste; van de Weddes Ideal war das Gelingen der Unternehmung. Das fühlte man seitens der Direktoren; daher waren ihre Abgeordneten, die 1621 nach Gottorp gesandt wurden, gegenüber dem van de Wedde sehr reserviert. Der Herzog scheint damals auch ein wenig ängstlich vor den Plänen seines wunderlichen Faktotums gewesen zu sein und es ihm gezeigt zu haben. Er muß zu jener Zeit wenigstens in einem Brief von van de Wedde den Vorwurf hören, daß dieser doch immer den Vorteil des Herzogs gewollt habe, daß man ihn jetzt aber wohl entbehren könne. Er hätte wohl ganz wegbleiben können.

Wir bemerken jetzt schon, daß er seine Briefe nicht in einem byzantinischen Stil schrieb. Wahrlich: es war für Gottorps Kanzlei etwas haarsträubendes in ihnen. Der Herzog mochte in jedem Schreiben betonen, daß er „in Gnaden wollend" sich zu dem Kaufmann herabließ, van de Wedde vernachlässigt alle herkömmliche Förmlichkeit und kritisiert, verurteilt, tadelt in recht ungnädiger Weise oder preist mit recht väterlichen Worten die Maßregeln des jungen Herzogs und seiner hohen, zugeknöpften Beamten.

Es war nicht zu vermeiden, daß er mit seiner freimütigen, oft aufdringlichen Art böses Blut machte.

Als er im Jahre 1621 die unangenehme Erfahrung machte, zurückgeschoben zu werden, war er

*) Siehe Beilagen 1 und 2.

schon zwei Jahre tätig. Den Ausgangspunkt seiner in den Briefen enthaltenen Geschichte finden wir in einem Brief vom 6. Dezember 1619. Es war ein Schreiben, in dem van de Wedde sich als ein „demütiger Diener", mit dem nicht zu spaßen war, offenbarte. Leider verlieren die Briefe durch die Übersetzung etwas von ihrer Eigenart, die aus dem originellen Satzbau und aus der charakteristischen Wortwahl im Grundtexte einem entgegentritt.

„Wir sind mit unsrer ganzen Familie zu Schiff und nicht ohne große Schwierigkeiten und Gefahren hier angekommen. Wir hatten ein Schiff von 23 Last von Emden bis zur Eider gemietet; als wir nun hier ankamen, meinten wir, daß Hensbeeck ein Haus für uns gemietet habe, wie es ihm befohlen war, jedoch mußte ich erfahren, daß er es nicht getan hatte. Weil ich in dieser Angelegenheit keine andere Lösung finde, so muß ich, wie sehr es mir auch zuwider sein mag, Ihre herzogliche Gnaden damit belästigen und Sie demütig bitten, freundlichst zu bestimmen, daß wir uns, höchstens bis Mai des nächsten Jahres, mit Ihrem Schloß behelfen dürfen. Ich meine (in aller Bescheidenheit), daß dies ohne Störung für J. H. G. und den Landschreiber geschehen könne. Auf diese Bitte erwarte ich möglichst bald Ihre Antwort und Verfügung." Van de Wedde teilt weiter mit, daß die Leute in Holland noch immer sehr bedächtig seien und auf Milderung des harten Verfahrens gegen die Arminianer hofften. Er glaubt jedoch nicht daran und hat sich die Gefahren und Kosten der Übersiedelung nicht verdrießen lassen in der Hoffnung auf Erfolg, „zum Dienste Ihrer herzoglichen Gnaden, zur Verbreitung der Wahrheit und zum Besten der Meinigen." Das Octroi für den Bau von Friedrichstadt hat er noch nicht bekannt gemacht, weil es ihm noch nicht vorteilhaft genug ist. „Gott weiß, daß ich J. H. G. die größten Vorteile gönne, aber um die Sachen leichter durchführen zu können, habe ich eine Fassung des Octrois entworfen, in der ich die Pacht der zu kaufenden Grundstücke ein wenig ermäßige." Van de Wedde habe gehört, daß der König von Dänemark Anspruch auf das Gebiet zwischen der neuen Gründung und Tönning geltend machen werde und daß er dort eine Befestigung bauen und Zoll erheben wolle. Wenn dem so sei, habe der Abgeordnete des Herzogs das ihm wahrlich wohl sagen können. Vielleicht sei es beffer, an einem andren Ort zu bauen. Aber noch eine andre Erwägung macht seine Landsleute bedenklich. Sie meinen nämlich, daß der König von Dänemark, der die Sunde beherrscht, bessere Mittel habe, seine Untertanen gegen Unrecht und Gewalt, die Menschen oder Gütern außerhalb des Landes könnten angetan werden, zu beschirmen; daran habe er selber eigentlich nicht gedacht.

Diese letzten Worte machen auf den Kenner der Geschichte der Kolonisation einen peinlichen Eindruck. Er hatte nicht erwogen, daß der Herzog die Schiffe auf dem Meer nicht würde schützen könne. Wenn van de Wedde vermutet hätte, welch' einen Fehler er damit beging, so wäre er mit dem Schiff, das ihn nach Tönning brachte, nach Holland zurückgefahren. Ein gewisser Rodenburgh, von dem wir später mehr hören werden, — er war der tüchtigste Mann, der in unserer Geschichte eine Rolle spielt, — machte in Amsterdam Propaganda für eine Kolonisation in Dänemark. Der Magistrat von Amsterdam ließ sein Haus visitieren und wollte ihn gefangen nehmen, jedoch flüchtete er, wie man behauptete, nach Dänemark. Es versteht sich, daß van de Wedde auf seiner Hut gewesen war und nur ganz zuverlässige Personen ins Vertrauen gezogen hatte; so hatten Wtenbogaert und Episcopius es auch gewünscht. Mit diesen beiden Herren hatte er nämlich eine Besprechung in Antwerpen gehabt, weil ihr Einfluß auf die Gemeinde so groß war. Sie hatten ihn gebeten, die Sache noch zwei Monate zu verschieben und ihnen eine Abschrift des Octrois zu geben. Es geht hieraus deutlich hervor, wie sehr die Gründungspläne ohne die Führer der Remonstranten ausgearbeitet wurden: die Direktoren müssen sogar van de Wedde um das Octroi bitten. Der letztere berichtete dem Herzog, daß die Herren zu Antwerpen dem Fürsten und ihm selber sehr dankbar seien und daß er ihnen gesagt habe, daß sie die Gunst des Herzogs in hohem Maße genießen würden. Ob die Herren, nach van de Weddes Fortgang, sich auch vielleicht eine ironische Bemerkung über den gönnerhaften Ton des eitlen, wenig besonnenen Kaufmanns erlaubt haben?

Ungeachtet aller schönen Vorspiegelungen verhielten die Direktoren sich gegenüber dem Anerbieten des Herzogs recht reserviert, als dessen Abgeordneter Hensbeeck im Jahre 1620 mit ihnen unterhandelte. Und die Behauptung des Herzogs, daß die Remonstranten zu Antwerpen ihre Bereitschaft, sich in Holstein niederzulassen, erklärt hätten, wurde mit der nüchternen Bemerkung zurückgewiesen, daß der Herzog selber mit dem Anerbieten gekommen sei. Man gab sich zufrieden, als Hensbeeck die diplomatische Erörterung zum Besten gab, daß man der Sache diesen Ansichten geben müsse und „daß solches Stili und weiter nichts sei." Bei einer Wiederholung der Besprechungen bekam er jedoch noch eine ausweichende Antwort. Man faßte den Entschluß, zwei Abgeordnete nach Gottorp zu senden, die, wie wir schon mitteilten, van de Wedde schnitten. Brandt gibt eine breite Beschreibung der Verhandlungen am herzoglichen Hofe, die in unseren Rahmen nicht hineinpassen. Genug, daß in Bezug auf die Religionsfreiheit in der zu gründenden Stadt wichtige Entschlüsse gefaßt wurden und über eine eventuelle Übersiedelung der Direktoren nach Schleswig gesprochen wurde. Dieses Ideal des Herzogs ist jedoch nie verwirklicht, obschon nachher ernstlich daran gedacht ist.

Van de Weddes Eifersucht wurde durch den Lauf der Unterhandlungen dermaßen angestachelt, daß er sich zur Abfassung eines kräftigen Briefes veranlaßt fühlte. Er stellt fest, daß es dem Herzog behagt habe, die Leute von Antwerpen ohne Vorbehalt in seinen Schutz zu nehmen und daß aus dem Memorial der Abgeordneten hervorgehe, daß sie einige Vorschläge machten, die das Octroi nicht enthielt. Van de Wedde meinte aber, daß die Sache von ihm so geregelt sei, wie sie es billigerweise wünschen könnten und bedürften. Jedoch könne er gefehlt haben. Nun hoffe er nur, daß der Herzog seine Mühe und Arbeit nicht geringer schätzen werde, wenn schon die Herren etwas vorgeschlagen hätten, das von ihm übersehen sei. Er habe durch Beispiele aus der Geschichte wohl erfahren, daß die tauglichsten Personen, die einer Gemeinde große Dienste erwiesen hätten, manchmal mit Undank belohnt seien. Zur Verbreitung der Wahrheit und aus Mitleid mit den Unterdrückten einerseits und um dem Herzog einen guten Dienst zu erweisen andrerseits, habe er allerlei geleistet und könne nun billigerweise auf Würdigung seiner Bestrebungen rechnen, es könne aber sein, daß durch Schlechtigkeit oder Narrheit der Menschen seine Mühen und Gefahren nicht belohnt werden und er mit seiner Frau und den Kindern Schaden leiden würde.

Darum rechne er lieber nicht auf die Gnade einer oft undankbaren Gemeinde und möchte gern sehen, daß der Herzog ihm einen Teil der von den neuen Kolonisten zu bezahlenden Eintrittsgelder zusichere. Kurz darauf, im April 1621, konnte er dem Herzog für das Versprechen danken, daß genannte Gelder während der ersten zehn Jahre ihm ausbezahlt werden sollten.

Aber die Kolonisten blieben aus. Noch manche Konzession sollte vom Herzog verliehen werden; er mußte Geduld üben und schließlich zum Anfang des Baus Erlaubnis geben, bevor die Zahl der Familien, die Anfangs dafür festgesetzt, erreicht war.

Endlich, am 21. September 1621, wurde der Grundstein des ersten Hauses von Antonie van Hoven, dem Sohn des großen Mannes, gelegt. Es war an der Ecke, wo Binnenhafen und Fürstenburgwall einander bald begegnen sollten. Nicht lange nachher wurden die ersten Burggräben, welche die Kanäle zwischen Treene und Eider mit einander verbinden, angelegt, und so entstand das Netz von Wasserwegen, in denen sich die schmucken, schmalen Treppengiebel, die sich allmählich aneinander reihten, spiegelten. Auch die jungen Bäume an der Wasserseite taten ihr Bestes, im fremden Lande die Illusion hervorzurufen, daß man sich in einem gemütlichen holländischen Städtchen mit schattenreichen Grachten befinde. Mehr als zwei Jahrhunderte blieb diese Eigenart Friedrichstadts unversehrt und auch nach der Verwüstung der Stadt durch das Bombardement im Jahre 1850 ging der holländische Typus nicht ganz verloren.

Breit und geräumig wurde die Stadt von Hendrik van Ruytenstein angelegt, mit geraden Straßen, die einander rechteckig schnitten. Mit Unrecht sucht man jedoch in dem quadratischen Bau etwas spezifisch Holländisches. Zwar wurde verhältnismäßig einfach gebaut, sodaß der kleine Giebel am Mittelburgwall, der einen Teil des Statthalterhauses bildete und noch heute steht, wohl immer das einzige Juwel holländischer Baukunst in der Eiderstadt gewesen sein wird, aber das Ganze hat einen besonderen Reiz gehabt, wie man am besten auf dem Prospekt der Stadt, den man auf einem Grundriß vom Jahre 1719 findet, sehen kann.*) Es war die Verwirklichung eines Künstlergedankens, der schon im Jahre 1619 seinen Ausdruck in einem

*) Die Stadtpartie im Titelbild ist diesem Prospekt entliehen.

Wort in einer Anempfehlung beim ersten Octroi gefunden hatte: „Überdies werden die Einwohner in einer reinlichen Stadt wohnen, die mit löblichen Privilegien und Gesetzen versehen sein wird. Und sie wird gerade und lustige Straßen und Wasserwege haben, die man durch die ganze Stadt wird führen können, zum großen Dienste und zur großen Bequemlichkeit der Einwohner; etwas recht seltenes in den östlichen Städten. Man bezweckt, sie in aller guten Ordnung anzulegen. Auch werden die Einwohner lustige und bequeme Häuser haben dürfen, die man nach Landesart und nach eigner Phantasie bauen darf, was in Mietswohnungen, besonders in fremden Landen, unmöglich gefunden werden kann."

Van de Webbe sieht mit heller Freude, wie die Stadt entsteht. Er träumt von Macht und Ruhm, sieht sich selbst als großen Handelsherrn auf dem Statthalterstuhl der jungen, blühenden Handelsstadt und läßt es nicht beim Träumen, sondern reist und organisiert, vergißt jedoch sich selbst dabei nicht.

Die Eintrittsgelder der ersten zehn Jahre sind ihm zugesichert. Bald besitzt er ein Octroi für eine Ziegelei, das ihm den Alleinverkauf von friesischen Steinen vorbehält. Er darf allein an Eider und Treene Kalköfen bauen, ist aber auch gebunden, die Steine um eine Mark billiger als die aus Friesland importierten zu liefern.

Ein Octroi für eine Salzsiederei folgt, und bald steht auf dem „Eiland" bei Friedrichstadt die Salzsiederei, die zu allerlei Eifersucht und Streitigkeiten Veranlassung geben sollte. Das Monopol des Salzhandels in Eiderstedt, Stapelholm und auf Nordstrand ist damit verbunden.

Ging man darin nicht ein bißchen zu weit und war es wohl gerecht? Hatte ein altes Privileg im Jahre 1592 nicht bestimmt, daß die Eiderstedter den freien Handel, das ist Handel und Wandel mit allen Waren, die sie kaufen und verkaufen, haben sollten? Sie sandten ihre Proteste und Akten nach Gottorp; von allen Seiten regnete es Beschwerden, als der holländische Eindringling so sehr bevorzugt wurde. Aber Friedrich III. war nicht der Mann, der sich viel daran gekehrt hätte. Der Verlauf des Prozesses ist nicht mehr ganz zu erforschen, aber die Gemüter wurden in überraschender Weise zur Ruhe gebracht. Van de Webbe wurde von der Bevölkerung sehr belästigt, und das konnte der empfindliche Mann nicht ertragen, es machte ihn nervös und unruhig und dadurch, aber auch wohl aus einem bestimmten Maß von Rechtsgefühl, das sehr unregelmäßig bei ihm wirkte, jedoch immer wieder, auch wo es ihm nachteilig war, sich geltend machte, kam er dazu, beschwichtigend einzugreifen. Er schrieb dem Herzog, daß die Landräte bei ihm gewesen seien und daß zumal der Dithmarscher zornig gewesen sei. Darauf habe er dem Bürgermeister von Tönning gesagt, daß er um Frieden und Freundschaft willen vorläufig auf seine Rechte verzichte. Den Herzog bitte er, das üble Benehmen der Leute nicht zu strenge zu strafen und ihn selber zu entschuldigen, weil er von den alten Privilegien keine Kenntnis gehabt habe. Er meine es gut; in den Niederlanden, wo man frei sei, habe man auch Monopole.

Daß es jedoch bei dem für Eindrücke so empfindlichen Kaufmann kein spontanes Rechtsgefühl war, geht aus dem weiteren Inhalt des Briefes hervor. Er habe drohende Worte gehört; man habe ihm in Tönning, als er vorbeiritt, sogar zugerufen: „den Hals entzwei, den Hals entzwei!" Zwar habe er gedacht, besser die es sagen als die es tun, dennoch könne man nicht wissen, was einige betrunkene Taugenichtse, aufgehetzt, tun könnten; denn daß er Feinde habe, sei deutlich.

Nicht nur das Salzmonopol, sondern auch der Bau der Stadt überhaupt war den Nachbarn ein Dorn im Auge. Und van de Wedde mußte alles tragen. Wie fiel es ihm so schwer! Nie lernte der Mann etwas von der Kunst gering zu schätzen und dadurch hatte er ein bitteres Leben. Sogar ein Schimpfwort des ersten besten Bauernjungen war ihm im Grund, sich beim Herzog zu beklagen. Zum Glück geriet der hohe Freund fast eben so in Zorn wie der Kaufmann. Das haben die Herren Beamten in den benachbarten Landschaften erfahren. Oder war es angenehm für den Bürgermeister von Tönning, als der Bote von Gottorp ihm einen Brief brachte, in dem der Herzog seine hohe Unzufriedenheit über Tönning äußerte, weil man den Bauenden allerlei Schwierigkeiten machte, und in dem er jedem mit Confiscation der Besitztümer drohte, der sich in Zukunft dergleichen herausnehmen sollte? —

Am Stalleramt zu Stapelholm empfing man auch eine Rüge, weil die Einwohner von Drage bei der Lieferung von Sand Mühe verursachten, und die Einwohner von Schwabstedt bekamen auch ihre Rüge, gleichwie die Süderstapeler, die ihr Möglichstes taten, um bei der Lieferung von Bäumen den Friedrichstädtern in die Quere zu treten. Man hatte auf Gottorp seine liebe Not mit den unliebsamen Nachbarn. Ein neuer Brief von van de Wedde goß Öl ins Feuer. Er fragte, ob es nicht angebracht sei, auf den Bauernhöfen und an den anderen Häusern in der Nachbarschaft ansagen zu lassen, daß man verpflichtet sei, zur Hülfe zu eilen, wenn ein bestimmtes Signal gegeben werden sollte, zum Zeichen, daß die Leute auf dem neuen Bau angefallen würden. Solch ein Befehl würde Eindruck machen. Man habe gedroht, die Häuser bei Kolbenbüttel, (das heißt: die junge Stadt) anzuzünden und verbrennen zu lassen. Friedrichstadt verbrennen! Der Herzog war außer sich. Ein kräftiges Schreiben wurde erlassen, in dem mit den schwersten Strafandrohungen gesagt wurde, daß man gegenüber den Fremden im Lande, besonders gegenüber Friedrichstadts Bürgern, sich in Acht nehmen solle. Man habe gedroht, doch man solle auf seiner Hut sein und van de Wedde und die Seinigen in Frieden lassen; seien sie doch vom Herzog in besonderen Schutz genommen.

Bald fällt ein Opfer. Ein gewisser Peter Harder, ein kaum erwachsener Flegel, hatte van de Wedde gescholten und andere aufgehetzt. Das war zu schlimm! Der Beleidiger wurde auf Befehl des Herzogs gefangen nach Gottorp gebracht und da hat er im Kerker vor dem Hause des Landesvaters für seine Sünde gebüßt, zur Genugtuung der Gerechtigkeit, des Herzogs und des Herrn van de Wedde. So lebte der Herzog in allem mit. Die kleinste Kleinigkeit passierte seine Kanzlei. Aber das konnte nicht so bleiben, zumal da die Einwohnerzahl heranwuchs und damit leider auch die Ungerechtigkeit zunahm. Viele Streitigkeiten und Verbrechen kamen vor auf Friedrichstadts Boden, wie manches Dokument beweist. Es kam so weit, daß Baumeister Ruytenbeeck als Richter den Kopf verlor und in einen Tyrannen ausartete, dem lästig Fallende ohne Prozeß einsperrte. Van de Wedde wählte ohne Bedenken die Seite des Unterdrückten. Andere neue Kolonisten protestierten mit ihm beim Herzog und so lieferte die junge holländische Kolonie ein Beispiel der jämmerlichsten Uneinigkeit, indem das Recht auf verschlungene Wege geführt wurde. So konnte es nicht bleiben. Die Zeit war da, eine neue Maßregel zu treffen: Friedrichstadt erhielt einen Statthalter.

Van de Webbe, Rutzenbeeck und Becker, einer der ersten Einwohner, empfingen einen Brief, in dem ihnen mitgeteilt wurde, daß Adolf van de Wael, Heer van Moersbergen, zum Statthalter ernannt sei, hauptsächlich „zur unparteiischen Administration der lieben Justiz." Die Ironie der Geschichte stempelt diesen sentimentalischen Satz zum Beispiel menschlicher Kurzsichtigkeit, denn Rutzenbeeck fand in van Moersbergen seinen Meister in der Willkür.

Weshalb van de Webbe nicht zum Statthalter ernannt wurde? Ich fand auf diese Frage eine überraschende Antwort, die mir Ehrfurcht vor dem wunderlichen Mann einflößte, der sein ganzes Herz an Friedrichstadt gehängt hatte und für die Wohlfahrt der Kolonie alles wagte und alles opferte. Es folgt hier ein herzoglicher Brief, der ihn trösten durfte: „Wir beurkunden hiermit, nachdem der liebe, gute Willem van de Webbe, uns zum gnädigen Gefallen und in favore des Herrn van Moersbergen, als welcher, wegen seines großen Anhangs und Nachfolge, mit seiner Ankunft und Niederlassung in unsrer Friedrichstadt dieselve sehr populieren, vermehren und viel nach sich ziehen kann, die Administration der ihm hiervor gnädig angedeuteten Statthalterschaft cediert und aufgetragen, und also die Beförderung des gemeinen Wohls seinem eignen Vorteile vorgezogen hat, daß demnach wir demselben in gnädiger Gunst hier andermals versprechen und zugesagt haben, daß, wenn van Moersbergen das Amt nicht annimmt oder während des Lebens des Herrn van de Webbe die Stellung vacant wird, er ernannt werden wird. Auch wird niemand über ihn, den Anfänger der Stadt, gestellt werden. Er ist deshalb exempt von der Stadtjurisdiction, braucht kein Amt in Kirche oder Stadt anzunehmen und alle Privilegien bleiben für ihn bestehen." 22. October 1622. (Der letzte Teil des Briefes ist nicht wörtlich übernommen.)

Der Anhang des neuen Statthalters ließ auf sich warten; mit der Besorgung der „lieben Justiz" war es unter van Moersbergen kümmerlich bestellt, und es wäre für Friedrichstadt wohl besser gewesen, wenn van de Webbe Statthalter geworden wäre. Wenn er sich selbst schon gewiß salomonische Weisheit zutraute und man voraussetzen kann, daß er salo-

monische Originalität bei der Rechtspflege anwenden würde, so hätte er, zweifelsohne, sein Amt mit Hingabe geführt und in späteren Zeiten hätte er sich mehr zur Geltung bringen können, zumal gegenüber dem Feind Friedrichstadts, dem spanischen Commissar, mit dem zusammen van Moersbergen allerlei Unregelmäßigkeiten beging, dem trojanischen Pferd, das der arme van de Webbe selber im Triumpf eingeführt hatte und das ihm so verhängnisvoll wurde.

Friedrichstadts Statthalter empfing eine Instruktion, in der er beauftragt wurde, die Rechte und die Gerechtigkeit confirmieren zu helfen und auf Friedrichstadts Wohlfahrt zu sehen. Er mußte die Opera publica leiten, auch für den Bau von zierlichen Häusern sorgen, Kaufleute und Handwerker nach Friedrichstadt ziehen und sich nicht nur bestreben, das Corpus Reipublicae gut zu organisieren, sondern auch es zu einer großen Handelstadt zu machen. Er sollte möglichst viel als Friedensrichter ohne weitläufige Streitigkeiten schlichten und mit seinen Assessoren Recht sprechen, bis Friedrichstadt einen vollständigen Magistrat habe. Neben der heilsamen Justiz war er verpflichtet, die gute Polizei aufrecht zu erhalten, die Assessoren zu Rat zu ziehen und mit ihnen zu sorgen, daß gute Ordnung herrsche.

Im Stadtrecht vom Jahre 1633 spricht der Herzog von einer vorläufigen Regierung und Obrigkeit, die aus Statthalter und Assessoren bestanden und die er ad interim ernannt habe. Die ursprüngliche Meinung war jedoch, den Statthalter auch späterhin beizubehalten, wie aus Artikel IV des Cetrois hervorgeht: „Und wir werden aus der niederländischen Nation einen Statthalter ernennen, der neben Bürgermeistern in Stadtangelegenheiten und auch, wenn nötig, in kirchlichen Versammlungen den Vorsitz haben wird.

Es konnte nicht anders sein, als daß die Stellung des Statthalters eine äußerst schwierige wurde; sie sollte ein Verbindungsglied zwischen dem autokratischen Regierungssystem von Gottorp und der oligargischen Regierung der holländischen „Regenten" bilden, die zwar nicht die hervorragende Tüchtigkeit des Amsterdamer Regententyps, jedoch wohl seinen bürgerlichen Kaufmannsstolz mit nach Friedrichstadt gebracht hatten. Die Wahl des ersten Statthalters aus der Utrechtschen Ritterschaft ist typisch; das bald folgende Zerwürfnis zwischen dem Edelmann und den selbstbewußten Kaufleuten ist es nicht weniger. Aber das konnte der Herzog schwerlich vorher einsehen; dazu war er, wie liberal er auch sein mochte, zu viel Aristokrat, der die Art des holländischen Kaufmannstyps nicht genug zu würdigen wußte.

Grevinchovius, der kluge, lernhafte Direktor der Remonstranten, der erste Pastor von Friedrichstadt, schreibt im Jahre 1631*), nachdem van Moersbergen verschwunden ist, eine Bittschrift, in der es heißt: „Man könnte diese Petition in der Bitte zusammenfassen, daß diese Republik, da sie nun von der diktatorialen Macht einer Person befreit ist, nach unserer gemäßigteren, holländischen, lange schon bestehenden Gewohnheit, von einer Regierung von Bürgermeistern und Räten, unter dem Imperium Ihrer Hoheit, der, nach Gott die Oberhoheit zukommt, verwaltet werden möge." Hätte der Herzog dies sofort als erwünscht erkannt, dann wäre eine Quelle von Elend, die Friedrichstadts Entwicklung hemmte, verstopft worden.

Als die Stadt einen Statthalter erhielt, war die Zahl der Einwohner und Häuser noch sehr gering, jedoch lockten die Handelsaussichten und die Kolonisten mehrten sich. Die Gottorpschen Dokumente liefern viel Material, aus dem sich ein interessantes Bild der heranwachsenden Kolonie zusammenstellen läßt und es wäre schade, wenn sich keine Wege finden, ließen in einem breiter angelegten Werk die ganze Geschichte der Stadt und auch diesen besonderen Teil zu veröffentlichen. Hier kann ich nicht mitteilen, wie allerlei Holländer sympathische und unsympathische Pastoren, Propheten und Jährleute, Rektoren und Schulmeister, Notare und Kaufleute und eine ganze Reihe von biederen Seekapitänen aus dem Staub der Vergangenheit auferstanden und die Burgwälle, Prinzeß-, Kirchen- und' soviel andere Straßen, den Hafen und die Häuser bevölkerten. Ich kann weder vom geheimnisvollen Pamphletschreiber erzählen, der nachts seine Pasquille an die Häuser anklebte und niemand vor seiner giftigen Zunge schonte, noch von der Lauheit des kirchlichen Lebens, die man in einer Stadt, die von Menschen, die um ihres Glaubens Willen ausgewandert waren, gebaut wurde, nicht hätte erwarten sollen, und die zur

*) Er war damals nicht mehr Pastor in Friedrichstadt.

Folge hatte, daß in der großen Kirche nur ein kleiner Kreis von ernsten Remonstranten die Gottesdienste besuchte, während die große Masse Grund zu bitterer Klage gab. Eine lange Reihe von bekannten und unbekannten Namen, die zu einer bunten Gruppierung von Menschen wurde, muß ich unerwähnt lassen; auch die Entwicklung des Stadtrechts und das Gesetzbuch des Rektors Gualterus muß übergangen werden. Ich nehme die Hauptlinien der ersten Entwicklung unsrer Stadt und die Geschichte der in den Vordergrund tretenden Führer der Kolonie wieder auf. Ich bemerke hierbei, daß Grevinchovius und Gualterus mehr in den Hintergrund treten, als der Fall sein würde, wenn alle führenden Personen zu ihrem Rechte kämen. Eine ausführliche Darstellung dieser zwei Gestalten würde uns jedoch viel zu weit über unsern Rahmen hinaus führen.*)

In der Geschichte des Handels der Stadt glänzt der Name des Herrn van de Wedde. Seine Siedereien liefern Salz, er macht Entwürfe für Herings- und Walfischfang, er steckt sein Geld in allerlei Unternehmungen, er Bürge für manchen Schiffer, der ein Baugrundstück haben will. Er hat Schiffe in der Fahrt auf Spanien, seine Kalköfen sind in der Nähe der Stadt im Betrieb, seine Ziegeleien brennen die Steine für die neuen Häuser, die Schiffswerft wird von ihm gebaut, er unternimmt viel, viel zu viel; aber die Energie, die er entwickelt, zwingt zur Bewunderung.

*) Was Gualterus als Rektor der lateinischen Schule geleistet hat, scheint nicht mehr erforscht werden zu können. Sein großes Verdienst liegt in der Abfassung des Stadtrechts und in seiner Arbeit als Stadtschreiber. Nachher, als die in der ersten Zeit Ton angebenden Personen alle zurückgetreten sind, tritt er mehr hervor, leistet jedoch nicht mehr so Verdienstvolles.

Grevinchovius, der 1621—1627 und 1630—1631 in Schleswig-Holstein war, greift insofern kräftig ein, als er im Geiste der Direktoren mehr die Interessen der holländischen Remonstranten wahrnimmt, als daß er sich um die Entwicklung der neuen Stadt bemüht. Er ist also gewissermaßen ein Gegner des van de Wedde.

Die Bestrebungen des Grevinchovius fallen mit denen der übrigen Direktoren zusammen, die ausführlich in den darüber handelnden Studien dargestellt sind. Der Herzog vertraute ihm nicht recht und hatte die wohlbegründete Furcht, daß seine Sympathien sich mehr nach Hamburg als nach Friedrichstadt hinneigten.

Die Heringsfischerei lenkt zuerst unsere Aufmerksamkeit auf sich; sie ist nicht die Hauptsache, jedoch verspricht sie eine gute Quelle des Verdienstes zu werden. Van de Wedde ist der große Mann der Unternehmung, der nicht nur einen Entwurf für das Unternehmen ausarbeitet, sondern auch mit Herz und Seele Mühe und Geld dafür opfert. Wie hat er beim Herzog dafür geeifert! Daß es auch hier wieder galt: Gott weiß, daß ich J. H. G. alle möglichen Vorteile gönne, aber Sie muß bezahlen, wird uns aus van de Weddes Korrespondenz deutlich. Cornelis Clasen von Medemblik will sich in Friedrichstadt ansiedeln. Er möchte jedoch gern eine Sicherheit gegen die Piraten haben. Der neue, vom dänischen König erbaute Seehafen Glückstadt gebe sie auch. Clasen wollte im Nachsommer mit seinem Schiff ausfahren, um von den Fischern hinter Schottland und Irland die Heringe aufzukaufen. Im Frühling sollten die Heringsschiffe selber ausfahren. Das sei eine neue Art, die sehr gewinnbringend sein solle. Die Staaten von Holland hätten kurz vorher dieses Aufkaufen durch den Erlaß, daß die Heringe nicht auf den Schiffen gesalzen werden sollten, unmöglich gemacht. Nun könne Friedrichstadt Holland in dieser Sache schön ein Schnippchen schlagen. Van de Wedde meinte, der Herzog könne die Kaution wohl geben; er wolle ihm die Sache jedoch bequem machen und selbst die Hälfte jedes Schiffes übernehmen; dafür brauche er dann keine Kaution, wenn der Herzog sie dem guten Manne nur für den andern Teil verleihe, dann sei die Sache in Ordnung und der Herzog riskiere nicht viel. Er lebe mit keinem Lande in Feindschaft. Wenn die Kaper nun doch ein Schiff konfiszierten, würden die Autoritäten in Frankreich und England und auch die Dünkerfer wohl Genugtuung leisten. Die Räuber könnten dazu kommen, die Holländer von Friedrichstadt und die Bewohner der Niederlande mit einander zu verwechseln, aber die erstgenannten seien doch Untertanen des Herzogs.

Wie wenig das letztere für die Seefahrt bedeuten und wie nachteilig es für die Kolonisten sein sollte, daß sie den Schutz einer Flotte entbehrten, sollte die Zukunft lehren.

Der Herzog meinte, daß das Verleihen der Kaution zu gewagt sei. Dennoch erreichte van de Wedde, was er wollte, denn die Polizeiprotokolle vom Jahre 1626 berichten: Die Leute, die aus Holland gekommen sind, die Heringsfischerei und -packerei einzuführen, dürfen außerhalb der Stadt bauen.

Mit dem Heringsfang konnte es etwas werden, aber vom Handel mit Spanien versprach man sich goldene Berge. Holland kam dafür nicht in Betracht; was wäre nun schöner gewesen, als daß die Holländer unter Friedrichstadts Flagge, als Untertanen des Herzogs, die Leckerbissen aus der spanischen Schüssel gefischt hätten. Aber ein Niederländer wurde in jenen Tagen leichter mit dem spanischen Feind als mit dem spanischen Freund fertig.

Im April wurde dem herzoglichen Korrespondenten, Adriaen van Hutjen zu Amsterdam, berichtet, daß man in Friedrichstadt freien Handel nach Spanien treibe, jedoch im Oktober war die Sache noch so unbestimmt, daß van de Wedde schreiben konnte: „Auch wenn nur Schiffe, die von Untertanen J. H. G. hier im Lande gebaut sind, Freiheit im Handel haben werden, ist die Sache gesund." Er meinte, man solle dann nur tüchtige Schiffsbaumeister nach Schleswig-Holstein kommen lassen, dann wäre alles gut, wenn man nur auf zwei oder drei Jahre die Genehmigung hätte, holländische Schiffe zu gebrauchen. Mit solchem heillosen Optimismus wagte van de Wedde eigenes und fremdes Kapital.

Die Regierungen zu Madrid und Brüssel, wo der spanische Statthalter der südlichen Niederlande an der Spitze stand, bemühten sich, dem aufblühenden Handel der sieben Provinzen Abbruch zu tun, und nun war man besorgt, daß schlaue Untertanen der rebellierenden Niederlande Friedrichstadt benutzen würden, um Spanien irre zu führen. Die Gefahr war wirklich da. Eine ganze Reihe von Schiffskapitänen kam mit Schiff und Bemannung nach der neuen Stadt. Die meisten wollten einmal probieren, ob an Spanien nicht etwas zu verdienen sei, und dachten nicht daran, sich in Friedrichstadt niederzulassen. Es kam vor, daß ein Schiffskapitän ein Grundstück kaufte, jedoch nicht baute, oder, einige wirkliche oder angebliche Junggesellen mieteten sich bei einem Kollegen, der eine kleine Wohnung gebaut hatte, ein; die Frauen der Verheirateten blieben in Holland; von einer wird berichtet, daß sie dort ganz ruhig ein Geschäft trieb. So wurde wenig aus der Heranbildung eines seßhaften Seemannsstandes und viele waren Scheinbürger, die mit einem Paß von Gottorp ihr Glück suchten, oft mit der Absicht, eine Ladung nach Spanien zu bringen, sich aufs Neue befrachten zu lassen und dann mit der spanischen Ladung in Holland einzufallen und sich an Friedrichstadt nicht mehr zu kehren.

Wahrlich, man kann es Spanien nicht verübeln, daß es sich gegenüber den herzoglichen Plänen etwas ablehnend verhielt und sich wenig um das Bürgerrecht der neuen Kolonie kümmerte. Weder die Dünkerker noch die spanische Seepolizei hatten Respekt vor den Pässen des Herzogs. Darum wünschte sich Johan de Haen nicht nur einen Paß, sondern auch spezielle Empfehlungsbriefe für den Herzog von Medina Sidonia und Frederiquez de Toledo, zum Gebrauch des Schiffskapitäns Compostel. Andere hatten es mit solchen Briefen in Spanien recht gut gehabt. Bedauerlich für Compostel war es, daß der Herzog seinen Seepaß für genügend erachtete, denn er saß bald in Lissabon im Gefängnis. Wenn er auch schon nach Verlauf weniger Tage frei kam, Jarigh van der Ley hatte mehr Unglück. Er hatte im Jahre 1622 den Eid der Treue als echter Bürger von Friedrichstadt geleistet und unterschrieben; er hatte einen Seepaß bekommen und im sicheren Vertrauen auf sein Glück die Fahrt unternommen; aber schon 1623 wurde er in einem spanischen Gefängnis übermaßen „bedrängt und beschwert" und 1625 wurde aus Madrid berichtet, daß das Ersuchen, ihm die Freiheit zu geben, abgelehnt sei. Er habe holländische Ware auf den spanischen Markt gebracht und werde dafür gestraft. Der König habe ihm das Leben geschenkt, weiter müsse aber das Recht seinen Lauf haben.

Man kann begreifen, daß die Lust zur Fahrt auf Spanien nicht zunahm, und daß von einem geregelten Handel keine Rede sein konnte, bevor man einen festen Kontrakt geschlossen hatte. Man bemühte sich eifrig darum. Nicolaus Jansenius (nicht mit seinem Bruder, Quirinus Jansenius, dem späteren spanischen Kommissar, zu verwechseln), ein Jesuitenpater, mit dem Herzog durch van de Wedde in Berührung gekommen, wurde, zusammen mit Dr. Floris Symensen van de Waerde, an den Hof in Madrid geschickt, um über diese Angelegenheit zu verhandeln. Die Herren wurden nicht unfreundlich empfangen; sie handelten in Übereinstimmung mit Don Caesare Tadino, dem Agenten des Herzogs in Spanien, und diese drei, augenscheinlich tüchtige Männer, wußten es so weit zu bringen, daß der Graf von Olivarez, der, wie van de Wedde zu erzählen wußte, zu jener Zeit das ganze Reich regierte, auf einer Audienz versprach, alles möglichst bald zu einem guten Ende zu führen.

Ein tragischer Zwischenfall bei diesen Unterhandlungen ist der Tod des Dr. Floris, der in Spanien starb, kurz nachdem seine Frau, die durch die lange Abwesenheit ihres Mannes mißmutig geworden war, in ihrer Einsamkeit ein ermunterndes Schreiben vom Herzog empfangen hatte. Nicolaus Jansenius übernahm nach seinem Tode allein die Behandlung der Sache. Er mußte noch eine Zeit lang in Spanien bleiben, um das Schiff von Rehmer Dirks frei zu machen, das auf der Rhede von Malaga vom Herzog Fernandino genommen war. Aber weil sich auch daraus ein Prozeß entwickelte, überließ er diese Angelegenheit dem Tadino und reiste selber nach Brüssel ab; dort mußte der Handelsvertrag nämlich endgültig geregelt werden. Man stellte jedoch als erste Bedingung, daß den Katholischen in Friedrichstadt Religionsfreiheit gegeben werden sollte und das scheint dem Herzog nicht lieb gewesen zu sein; seine Antwort läßt wenigstens auf sich warten, sodaß van de Wedde sich verpflichtet fühlt, den Fürsten zu ermahnen, die Sache nicht zu vernachlässigen und zu versäumen. Man gebe eine günstige Antwort auf die Vorschläge des Jansenius, sonst wäre es besser gewesen, die Unterhandlung nicht anzufangen. Zum Glück ist der Herzog weitherzig genug, für Friedrichstadt das verlangte Vorrecht zu verleihen. Daß die Liberalität des großen Handelsmannes jedoch ihre Grenzen hatte, die nach sehr praktischem Maßstab bestimmt wurden, geht aus einem vorsichtig formulierten Satz in einem Schreiben über diesen Punkt hervor, in dem er sagt, daß er den Herzog für weise genug halte, um zu beurteilen, ob wohl erwünscht sei, Religionsfreiheit für alle Städte zu geben. Man könne die Sache von verschiedenen Seiten betrachten und solle bedenken, daß alle eingreifenden Änderungen in wichtigen Dingen gefährlich seien und bisweilen auch zum Nachteile der neuen Stadt und ihres Baues wirken könnten.

Es war im Jahre 1625, als der Herzog seine befriedigende Antwort gegeben hatte, jedoch erst zwei Jahre später, am 2. November 1627, wurde zu Brüssel der Kontrakt „für freie Commercien und Navigationen auf Spanien" bestätigt.

Die Katholischen erhielten Religionsfreiheit in Friedrichstadt; die portugiesischen Juden wurden vom Handel nach Spanien ausgeschlossen; für die Untertanen des spanischen Königs wurden freie Gewerbe und Handel und das Vorrecht der Neutralität gefordert; diejenigen, die aus den ungehorsamen niederländischen Provinzen nach Friedrichstadt kamen, mußten sich mit Spanien aussöhnen und konnten dann eine „Reconciliation" empfangen. Man mußte für das Einfuhrrecht der Handelsartikel 30 °/o bezahlen, wie gebräuchlich war. Der Beamte, der als spanischer Kommissar in Friedrichstadt residierte, mußte für die Innehaltung des Kontraktes sorgen. Englische und holländische Güter durften nicht in spanische Länder importiert werden, auch nicht die Artikel, die den holländischen so ähnlich waren, daß sie nicht gut von ihnen unterschieden werden konnten; Käse und Stockfisch machten eine Ausnahme, es sollte jedoch kein holländischer Käse sein.

Es durften keine Waren über Holland und England geführt werden, so lange Spanien mit diesen Ländern im Krieg war; nur vier Jahre war es erlaubt, holländische Schiffe zu benutzen.

Der Kommissar in Friedrichstadt sollte die für sein Amt notwendige Autorität und Freiheit haben.

Sobald der Herzog berichtete, daß er alles genehmige, wollte man es der Admiralität zu Dünkerken und den spanischen Häfen berichten. Dieses Traktat wurde im November 1627 von Isabella unterzeichnet.

Für Friedrichstadt galt es nun, für die Schiffe, die unter der Flagge der Stadt fuhren, vom Kommissar Legitimationspapiere zu bekommen, aus denen hervorging, daß die Kapitäne sich mit Spanien ausgesöhnt hatten. Genannter spanischer Beamter wurde also die Hauptperson in Friedrichstadt. Was das Verleihen der Reconciliationsbriefe betrifft, so sollte die Regierung in Brüssel sie erlassen, der Kommissar sie aushändigen. Aber, es ist fast nicht zu glauben: man machte dabei soviel Schwierigkeiten, daß nur eine sehr kleine Zahl verabreicht wurde.

Nun entstand eine äußerst bedenkliche Rechtsunsicherheit: der Kommissar gab den Kapitänen Pässe oder geschlossene Briefe, die jedenfalls mehr Autorität hatten als die Seepässe des Herzogs; sie gaben aber keine Sicherheit, insofern sie nicht mit einer Reconciliation verbunden waren. Weil es den Kapern nun hauptsächlich um Beute zu tun war, fanden sie in diesem Sachverhalt einen willkommenen Grund zur Seeräuberei; wenn auch nur das Geringste nicht in Ordnung war, riskierte der Seekapitän, sein Schiff zu verlieren.

Der Kommissar, Quirinus Jansenius, war ein untreuer Beamter, der zwar nicht nur seine eigenen Interessen im Auge behielt, jedoch mehr und mehr zum schändlichsten Machtmißbrauch kam und über eine Unverfrorenheit verfügte, die eben so groß war wie seine Untauglichkeit. Der Herzog mußte es dulden, daß seine Pässe für nichts geachtet wurden und ließ sich von Quirinus Jansenius einschüchtern. Seine Haltung war, in einem Wort, kümmerlich.

Es ist nicht recht möglich, sich eine genaue Vorstellung der corrupten Verhältnisse im spanischen Regierungssystem zu machen; eins ist aber klar, daß, in der jetzt folgenden Periode von Elend und Rechtsunsicherheit, Friedrichstadts Handelsinteressen zum größten Teil von dem Verhältnis zwischen dem Kommissar und den Dünkerker Kapern abhängen.

Es macht einen unangenehmen Eindruck, der sich mit einem Gefühl des Mitleids mischt, wenn man in einem Brief des van de Wedde liest, daß er auf Anerkennung hoffe, weil er den Bau von Friedrichstadt, durch den er soviel Schaden erlitten, veranlaßt habe und man ihm auch die Bekanntschaft mit Jansenius, die freie Fahrt auf Spanien und auch den Plan des Salzhandels verdanke. Auf das letztgenannte greifen wir nachher zurück, jedoch müssen wir zuerst einige, schon früher angefangene, Entwicklungslinien weiter durchziehen. Das Zustandekommen des Traktats mit Spanien sei uns darum ein Ruhepunkt, an dem wir jetzt unser Auge auf die innere Geschichte der Stadt richten.

Friedrichstadt war kein friedensreiches Städtlein, wie sehr die Gründer dieses banale Wortspiel auch liebten. Zwar muß man beim Studieren in offiziellen Akten nicht vergessen, daß darin natürlicherweise Meinungsverschiedenheiten, die die Köpfe erhitzten, in den Vordergrund treten, aber die Gottorpschen Papiere sprechen zu deutlich von Haß und Eifersucht, von übler Nachrede und Uneinigkeit zwischen den Bürgern, als daß ein ungünstiges Urteil über den Geist, der unter den Kolonisten herrschte, einseitig genannt werden könnte. Ein Mann wie Paludanus mag als Typus des remonstrantischen Auswanderers, der ruhig seinen Geschäften nachging und in Frieden lebte, hier und da hervortreten, die schärfer ausgeprägten Charaktere unter den bekannten Remonstranten Friedrichstadts, werden in die Zwistigkeiten hineingezogen. Grevinchovius kann sich ihnen nicht entziehen, sei es auch, daß er, sogar wenn er leidenschaftlich gegen den Feind ins Feld zieht, seine Würde nicht verliert; der heißblütige Rektor Gualterus muß sich zu oft zu Tode ärgern und entlastet das gereizte Gemüt in zierlichen lateinischen Briefen, die besonders gepfeffert sind und im Gottorpischen Archiv, was Originalität anbelangt, eine würdige Stelle neben van de Weddes Korrespondenz einnehmen. Aber am gehässigsten geht es in der Kaufmannswelt her. Daß der Statthalter sich in diesen Kreisen schon in den ersten Jahren Feinde machte, geht aus ein paar stacheligen Sätzen des van de Wedde hervor: „Hätte der Statthalter, durch Eifersucht getrieben, Dr. Floris von dem spanischen Handel abhalten können, so hätte er es nicht gelassen." Van Moersbergen hatte sich erlaubt, zu bemerken: „Haben wir die spanische Fahrt nicht, so haben wir etwas andres"; darauf gab Dr. Floris den scharfen Bescheid: „Ja, mein Herr, die Fahrt auf Utrecht!" mit andern Worten: es wäre nicht übel, wenn Sie dahin gingen, wo Sie herkommen! Übrigens bemerkt man anfangs nicht viel von Reibungen zwischen dem Statthalter und seinen Mitbürgern. Aber van de Wedde war der große Zielpunkt der Anfeindungen, zu denen er zweifelsohne veranlaßte, die jedoch hauptsächlich vom Neide eingegeben wurden.

Seine Stellung als außerordentlich bevorzugter Bürger und sein überwiegender Einfluß auf den Herzog waren den Herren auf dem Rathaus ein Dorn im Auge und sie haben nicht nachgelassen, seine Stellung möglichst zu untergraben. Anfang 1623 wird es ernst. Man beschwert sich beim Herzog über das spezielle Octroi für Ziegelei und Kalkbrennerei, das van de Wedde erhalten hatte. Man macht geltend, daß dies gegen das Stadtoctroi, das freien Handel gewährt, verstößt; deshalb wünschte man, ihm Schadenersatz zu geben und ihm das Octroi zu nehmen. Das Eiland des van de Wedde, das an der andern Seite des Burgwalles lag, sollte, nach einstimmigem Urteil der Herren, auch zu der Stadt gerechnet werden und für Steuern in Betracht kommen; auch schien es den Klägern ungerecht zu sein, daß van de Wedde dem gemeinen Recht nicht unterworfen war, in Widerspruch mit Art. 7 des Stadtoctrois. Schließlich bat man den Herzog, seine Entschlüsse bezüglich des Octrois zu fassen, ohne die Herren Regenten von Friedrichstadt zu Rat gezogen zu haben.

Die zwei letztgenannten Punkte gaben dem Herzog zu einer Zurechtweisung Veranlassung, die recht unangenehm ausfiel: man solle den Herzog nicht belästigen mit speziellen Konzessionen, weil doch ein jeder sich durch die für alle geltenden Privilegien begünstigen ließ; und an der Rechtsprechung sollte nicht gerührt werden; was jedoch das Eiland betreffe, so solle man sich mit van de Wedde einigen.

Dieser war entrüstet, daß man das Eiland zu der Stadt rechnen wollte, eine Entrüstung, die wenigstens den Friedrichstädter Bürger verwundern wird, weil er die Örtlichkeit kennt. Dem van de Wedde dagegen ist es klar, daß es außerhalb der Stadt liege (NB. zwischen Hafen und Burgwall, direkt hinter dem Deich, siehe das Bild auf der ersten Seite). „Nun kann man doch einmal sehen, wie man mich sucht!" Im Jahre 1626 machte der Herzog der Sache ein kurzes Ende und bestimmte, daß das Eiland, wo van de Wedde eine Salzsiederei, Ziegelei und Kalkofen errichtet habe, nach seiner Meinung zu der Stadt gehöre. Alle Onera und Accisen, die auf den städtischen Grundstücke fallen, müßte er bezahlen, man solle aber in Bezug auf die Vergangenheit nicht vergessen, daß es eine ungelöste Frage gewesen sei, und bei der Festsetzung der Steuern für vergangene Jahre, damit rechnen.

In diesem Punkte hatte man über van de Wedde also gesiegt.

Die Angriffe werden fortgesetzt; das Octroi der Ziegelei muß ihm entrissen werden.

„Es gibt wieder unruhige Querköpfe auf der Ziegelei" schreibt er verdrießlich.

Wenn man die Briefe der Gegner liest, gewinnt man den Eindruck, daß van de Wedde einen nachlässig bei der Lieferung von Steinen gewesen sei und daß man deshalb die Freigabe des Ziegelbrennens gewünscht habe. Van de Wedde wollte ihnen hierin wohl entgegenkommen, jedoch sollte man ihm dann nicht zu viel schaden; der Herzog werde doch auch nicht gern sehen, daß er ruiniert werde. Ach, wäre der Herzog doch mehr auf seiner Seite. Van de Wedde behauptete, daß es alles Neid sei, der seinen Grund zumal in der Tatsache habe, daß er für die Interessen des Herzogs eintrete. Warum bestreite man das Octroi so sehr? In Schweden und Dänemark gebe es auch Monopole und in Holland, wo man frei sei, auch. Er habe überdies den Bauunternehmern viele Vorteile besorgt und hätte viel teurer verkaufen können, wenn er nach Marktpreis hätte liefern dürfen. Er könne doch unmöglich immer einen großen Vorrat an Steinen haben, wenn man ihm keine Abnehmer garantiere. Arbeiter seien auch selten; auch wisse man nicht, ob das Bauen nicht weniger werde, denn Holland könne Frieden schließen und dann würden viel weniger Leute kommen. Er halte sich aus Octroi. Wenn es aber sein solle, verkaufe er die Ziegelei für 12000 Mark bares Geld. Nun könne der Herzog den Vorteil, den er ihm anbiete, beurteilen, daß er für eine Schüssel Linsen seine Erstgeburt verkaufe. Aber die Ruhe gelte ihm am meisten. Merkwürdiges Motiv, das immer wieder in van de Weddes Leben durchklingt und ihn immer mehr dazu treibt, sich selber finanziell zu schaden. Er will bares Geld haben, denn er braucht es für die Schiffahrt.

Das Ende ist, daß das Octroi, gegen Schadenersatz von 50 Demat Land, freigegeben wird. Nun darf jedermann Ziegel brennen. Die Stadt selbst errichtet eine Ziegelei im Eiderstedtischen Gebiet und dann greift man zu dem unwürdigen Mittel, van de Weddes Arbeiter, ja, seinen besten Meisterknecht an sich zu locken. „Es ist zum Verzweifeln, daß J. H. G. nicht verhindert, daß man mir solche Dinge antut" klagt er bitter.

Drei Jahre brennt die Stadt ihre Ziegel und dann verkauft sie das Werk, weil es nichts liefert. Man hatte van de Wedde gedückt, hatte aber selber keine Vorteile gewonnen. Das Ziegelwerk wurde einem gewissen Arkenbout verkauft, der es jedoch für van de Wedde kaufte.

Er hatte aber mit dem Ziegelbrennen auch in Zukunft kein Glück. Das Octroi war eingezogen; nun konnten die Schiffe aus Holland Steine als Ballast mitbringen, und so saß der Arme im Jahre 1627 mit einem ganzen Vorrat an Steinen und Pfannen, die er nicht los werden konnte. Es war unmöglich, mit Holland zu konkurrieren, weil die Arbeiter dort billiger zu erhalten waren. Zwar war das dortige Land teurer, jedoch konnte man dafür sorgen, daß es immer gutes Grasland blieb. Bald mußte die Ziegelei die Arbeit aufgeben. Van de Wedde schlägt vor, einen Zoll von ausländischen Steinen und Pfannen zu erheben, jedoch war der Herzog zu solcher Protektion nicht bereit. Die Steinfabrikation war lahm gelegt und die Herren auf dem Rathaus konnten zufrieden sein.

Mit der Salzsiederei nahm es keinen besseren Verlauf. Um des lieben Friedens Willen hatte van de Wedde auf das Salzoctroi verzichtet und nun wollte das Geschäft nicht gehen. Das Lüneburger Salz verursachte große Konkurrenz. In Holland war eine Steuer auf dieses Salz gelegt und überdies waren die Verhältnisse für die Fabrikation dort günstiger; man konnte da allerlei Sorten von rohem Salz bekommen und wenn man Geld brauchte, verkaufte man eben unter dem Marktpreis. Dann war der direkte Umsatz sehr groß. Frauen, Mädchen und Wasserholer mietete man dort so viel wie man wollte, während man sie hier mit Geld locken und mit Geld zum Bleiben bewegen mußte. Überdies war man verpflichtet, ein Schiff zu halten. Das Preisgeben des Octrois hatte alles verdorben. Van de Wedde wollte, wie er sagte, den Salzsiedereien die Unehre nicht antun, still zu stehen und hatte sie in mäßigem Betrieb gehalten, aber die Sache mußte liquidiert werden, wenn der Herzog nicht helfen wollte.

Natürlich hatte der unglückliche Unternehmer auch unter dem Kränkeln des spanischen Handels gelitten; war es zu verwundern, daß die Gläubiger sein Leben immer mehr verbitterten?! Schon lebte er mit dem ehemaligen Pastor, Notaris Engelraven, auf Kriegsfuß, weil er ihm die Schulden nicht bezahlte, und es gab noch andere, auf die er sehr ungehalten war, weil sie ihn immer wieder belästigten und mit ihrem, seiner Ansicht nach, beschränkten Egoismus seine großen Pläne durchkreuzten.

Es war übrigens ein allgemeiner Notstand in Friedrichstadt, jedoch nicht nur durch die genannten Widerwärtigkeiten. Zwei Feinde drohten und schadeten der Stadt über dies: der Krieg und die Sturmflut der Westsee.

König Christian IV. von Dänemark war im Jahre 1625 Generalissimus der Norddeutschen Armee geworden, die gegen die kaiserlichen Truppen ins Feld ziehen sollte. Damit verschob sich der dreißigjährige Krieg mehr und mehr nach dem Norden. Im Jahre 1626 wurde Christian von Tilly in der Nähe von Wolfenbüttel geschlagen und nun konnte er sich nicht mehr südlich der Elbe behaupten. Es war eine Unmöglichkeit, Wallenstein und Tilly zu hindern, in Schleswig-Holstein einzufallen. Friedrich III. schien es besser, dem dänischen König, dem er nicht vertraute, im Stich zu lassen, und es gelang ihm, für sein Gebiet Neutralität zu erlangen.

Wallenstein versprach ihm bei seinem Besuch auf Gottorp, das herzogliche Gebiet in Schutz zu nehmen und von Kriegslasten frei zu halten. In Wirklichkeit hat das Land schwer unter dem Druck des Krieges gelitten und überdies machte der Herzog sich den dänischen König zum Feind. Sein Herzogtum mußte die kaiserlichen Truppen aufnehmen und unterhalten, das heißt nicht nur verpflegen, sondern auch bezahlen, nach dem Grundsatz, daß der Krieg den Krieg ernähren solle.

Friedrichstadt mußte als Seestadt und durch die Lage an der Eiderfähre natürlicherweise eine nicht unbedeutende Rolle im Kriege spielen. Es ist besser davongekommen, als man hätte erwarten können, aber dennoch hat es schwer unter dem kaiserlichen Joch geseufzt. Es war nur eine unbedeutende Last, als man sich im Jahre 1626 gezwungen sah, eine Bürgerwache ins Leben zu rufen. Sie war gebildet, als die dänischen Truppen über die Eider nach dem Süden zogen, und im Jahre 1627 wurde sie vorschriftsmäßig organisiert. So kam Friedrichstadt zuerst mit den von den Kolonisten gescheuten Militarismus in Berührung. Bis dahin hatte es nichts von einer Garnison oder von Verteidigungswerken wissen wollen. Es war im übrigen eine ziemlich harmlose Sache mit jener Friedrichstädter Miliz. Es floß kein Soldatenblut in den Adern der Friedrichstädter Schützen. Der Humor trug den Sieg davon über die Disziplin. Bei der Ablösung der Wache mochten die einrückenden Mannschaften gern ihr Pulver verschießen, d. h. wenn sie beim Anrücken der neuen Wache noch da waren. Denn wenn es den biederen Bürgern in ihrem neuerbauten Wachthaus zu lange dauerte, lösten sie sich selbst gern ab. Beide Mißbräuche wurden bekämpft, jedoch nur durch Geldstrafe, eine Waffe, die im Laufe der Jahrhunderte, bis um Ende des neunzehnten, immer sehr stumpf war, wenn sie Schützen, denen holländisches Blut in den Adern strömte, treffen sollte. Wer die Geschichte der niederländischen „Schuttery"*) kennt, die in den neunziger Jahren des 15. Jahrhunderts einen ruhmlosen Tod fand, als sie durch die Landwehr verdrängt wurde, der lacht verständnisvoll. O „Schutters" von Friedrichstadt, es war eine wohlverdiente Blamage für euch, als der Herzog es für geraten hielt, eine Besatzung von eignen Truppen nach eurer Stadt zu schicken, weil er sich nicht auf euch verlassen wollte und euch mehr für Schützenfeste als für kriegerische Zwecke geeignet hielt, und eure Obrigkeit dachte nicht besser von euch. Denn als die Neutralität verliehen wurde und der Herzog seine Truppen zurückziehen wollte, nahm sie das Anerbieten des Herzogs, auf eigene Kosten einen Teil der Truppen zu übernehmen, gern an. Da erhielt Friedrichstadt seine dreißig Polizeisoldaten, die den historischen Namen „Waardgelders" trugen.

Die Unkosten waren erträglich, aber schwerer drückte die Last der Fortifikation. Jeder Bürger mußte mithelfen, es sei durch persönliche Dienste, oder durch eine Kontribution. Die Mennoniten hatten auch, statt der Teilnahme an der Bürgerwache, ein Kopfgeld zu bezahlen, weil ihre Religion ihnen nicht erlaubt, Kriegsdienste zu leisten.

Im Jahre 1627 wurde der Kriegsdruck schlimm; der dänische König belegte die Schiffe der Handelsflotte zwecks Truppentransporten mit Beschlag und Anfang Oktober kamen die ersten kaiserlichen Truppen; es wurden vier Kompagnien einquartiert und die Stadt mußte sie unterhalten.

Man konnte es, zum Glück, dahin bringen, daß man, durch Vermittlung des Obersten Cerboni, vom Herzog von Friedland Neutralität für die Schiffe der Stadt erhielt, unter der Bedingung, daß man den kaiserlichen Truppen Wein und andre Lebensmittel gegen Bezahlung lieferte; der Herzog von Friedland gab seinen Salvegardiebrief und sandte einen kaiserlichen Kommissar, Johann Adam Flaminius, der den Handel beaufsichtigen sollte. Die Stadt mußte ihn unterhalten und hatte wenig

---

*) Sprich aus Schötterei.

Vorteil von ihm, denn kaum war er gekommen, als dänische Kriegsschiffe auf der Eider erschienen und den Handel verhinderten. Ungeachtet der Salvegardie zog bald danach ein Hauptmann mit 200 Mann kaiserlichen Truppen in die Stadt ein. Zwar wurde ihm, nachdem die Stadt sich beschwert hatte, befohlen, die Truppen außerhalb der Tore lagern zu lassen, aber Hauptmann und Unteroffiziere mußten wieder ihr Gehalt von der Stadt empfangen.

Waren es keine dänischen Kriegsschiffe, dann machten Räuber die Eider unsicher. Die Kaiserlichen behaupteten, daß der Herzog dazu da sei, dieselben zu vertreiben und daß sie sich auf die Sache nicht einlassen könnten. So wurde die Stadt durch ziemlich unbedeutende Kriegswiderwärtigkeiten geplagt, die schließlich viel schadeten, bis die Kaiserlichen im Jahre 1629 abzogen.

Christian IV. schloß einen nicht unvorteilhaften Frieden, mußte aber alle Städte, die er im herzoglichen Gebiet besetzt hatte, zurückgeben. Friedrichstadt war, verglichen mit andren, noch gut davongekommen, aber der Handel hatte einen schweren Schlag erhalten.

Ein kleines Nachspiel der Kriegsereignisse in Friedrichstadt fand noch in Flensburg statt, wo der König von Dänemark persönlich eine Untersuchung der Gewalttaten führte, die van Moersbergen sich erlaubt hatte. Er war so taktlos gewesen, Christian IV. zu reizen durch das Anhalten dänischer Transporte, die über die Eider zogen. Mit Hülfe seiner Schützen untersuchte er sie und belegte wiederholt Waffen und Munition mit Beschlag; eine Handlungsweise, die nichts nützte und unnötige Verbitterung gegen die herzoglichen Lande erregte. Wahrscheinlich haben diese Fehlgriffe zum Sturz des Statthalters das Ihrige beigetragen. Private und öffentliche Mittel haben durch den Krieg gelitten, aber die städtischen Finanzen wurden am schwersten erschüttert durch den Mißerfolg beim Bau der Wasserwerke außerhalb und innerhalb der Stadt.

Jahre 1623 unternahmen einige Kolonisten die Bedeichung und Entwässerung der Megger-, Barmer- und Bergenhusener Seen. Christian Becker, den wir unter den ersten Kolonisten nannten, war die Seele der Unternehmung, von der man sich sehr viel versprach. Johann de Haen hatte auch einen Teil seines Kapitals dazu hergegeben, ebenso wie eine Reihe von andren Kolonisten. Es war eine unglückliche Sache und es nützte nichts, daß man den hervorragenden Wasserbaukundigen Jan Adriaen Leegwater, der eine Zeitlang als Deichgraf in Schleswig wohnte, heranzog. Gerard Brandt schreibt, daß es eine unglückliche Bedeichung gewesen sei, die, immer wieder brechend und wegspülend, viele der vordem wohlhabenden Einwohner in Armut und Elend brachte, ein unvorsichtiges und törichtes Werk, von Leuten, die in andren Dingen nicht dumm waren. Sie unternahmen eine Bedeichung, die mehr kostete, als es in Holland der Fall gewesen wäre, und hier schlechteres Land zu liefern versprach, als man mit geringeren Kosten hätte gewinnen können. Man soll dabei jedoch nicht aus dem Auge verlieren, daß die Unternehmer nun einmal nicht in Holland wohnten. Die Wasserwerke sollten Friedrichstadt auch in andrer Weise verhängnisvoll werden. Im selben Jahre, in dem das Oktroi für die Bedeichung verliehen wurde, legte man dem Herzog einen Entwurf für den Bau von Schleusen vor. Es folgte ein Schreiben des Herzogs, in dem er der Stadt mitteilte, daß man die Sorge für die andern Schleusen und für den Deich übernehmen solle, noch bevor man die steinerne Schleuse baute. Damit wurde der Stadt eine zu schwere Verpflichtung auferlegt. Es waren die Forderungen überhaupt ungerecht, weil die Schleusen für das ganze Treenetal von Bedeutung waren und hauptsächlich die Stadt die Kosten eines neuen Schleusenbaues tragen mußte. Man suchte einen guten Baumeister in Holland; der Herzog gab 30000 Mark, die Gesellschaft zum Trockenlegen der genannten Seen bewilligte 1626 3000 Reichstaler, aber das alles verhinderte nicht, daß die Polizeiprotokolle im Juni 1626 berichten mußten: „der Bau der Schleusen hat die Stadt unvermögend gemacht." Sie wurden am Ende jenes Jahres abgeliefert. Es war ein schönes Bauwerk, der Stolz der Stadt, und es trug eine in Granit gehauene Inschrift, deren Wortlaut noch auf einem vergilbten Stückchen Papier in dem Archiv bewahrt geblieben ist. Man liest da, daß die Herren Regenten den Bau der Schleusen, zu einem ewigen Andenken, in Stein memorieren wollten. Am 6. Juni 1630, abends 7 Uhr, errang das andrängende Wasser der Westsee, durch die Eider hereinstürmend, den Sieg über die Schleusen. „Durch extraordinären Sturmstrom und Wassergewalt" wurden sie zum Einsturz gebracht, und wurde fast alles zerbrochen und verwüstet, so daß das Seewasser ungehindert ein- und ausströmen konnte.

Das Unglück war nicht zu übersehen, die Stadt war in der höchsten Not. Dem Herzog wurde nur ein Glas Wein angeboten, weil die Stadt in so traurigen Verhältnissen war, als er mit seinem Gefolge herüberkam, um den Schaden in Augenschein zu nehmen. Er konnte wenig tun; er nötigte die Bemannung der Schiffe im Hafen, beim vorläufigen Ausfüllen des Lochs, Säcke mit Sand antragen zu helfen; aber der wichtigste Befehl mußte vorläufig sein, den noch stehenden Teil der Schleuse abzubrechen und Steine, Eisen und andre Materialien aufzubewahren.

Im Unglücksjahr 1634 litten die Schutzwerke gegen Wassernot noch einmal schwer, aber die Einwohner konnten sich noch glücklich schätzen. Zwar wurden die notwendigen Deich- und Schleusenreparaturen wieder eine drückende Last, aber, als Nordstrand zum Teile unterging und Tausende von Menschen und Tieren hier und auf dem Festland ertranken, kam das Wasser zwar bis in die nächste Nähe der Stadt und spülte Leichen und Hausrat an, jedoch wurde von Friedrichstadt kein Menschenopfer gefordert.*)

*) Die Maßregeln zur Besserung der Stadtfinanzen, die der Herzog im Jahre 1635 und später traf, wollen wir hier nicht behandeln, weil die innere Verwaltung der Stadt, zur Förderung der Übersichtlichkeit, eine spezielle Behandlung verlangt. Dasselbe gilt von der, schon im Jahre 1628 bewilligten Übertragung des Eiderfährezolls von Süderstapel nach Friedrichstadt, ebenso wie von dem Fischrecht auf Eider und Treene und einigen andern, nicht unwichtigen Bestimmungen, die jedoch für den ersten Entwicklungsgang der Stadt nicht von übertragender Bedeutung gewesen sind.

Schon haben wir hier und da den Zeitpunkt, an dem wir einen Rückblick auf die innere Geschichte der Stadt warfen, überschritten. Bald werden wir den Faden der Geschichte von Friedrichstadts Großhandel wieder aufnehmen und werden dann von neuen Unternehmungen und neuem Mißlingen reden. Aber wir wollen die Gelegenheit nicht unbenutzt vorbeigehen lassen, kurz bei einem fröhlichen Bilde der Handelsbemühungen unserer Bürger zu verweilen, und richten dazu unsere Aufmerksamkeit auf eine Marktidylle.

zu Friedrichstadt würde in unsren Tagen das Gras üppig wachsen und die Steine überschatten, wenn die Obrigkeit, die unseren Wohnort so rein hält wie das sauberste holländische Städtchen, nicht ihre Maßregeln dagegen getroffen hätte. Und der Fremde, der durch die Prinzenstraße oder vom Burgwall dem großen, stillen Platz näher tritt, fragt sich verwundert, was jener große Markt da mitten im ländlichen Städtchen soll. Nicht daß seine Dimensionen in einem Mißverhältnis zu der Umgebung stehen, denn Ruytenstein und die Seinigen machten Friedrichstadt zu einem wohlproportionierten Komplex von Häusern und Straßen, die ihren Mittelpunkt in dem Markt finden, und die typischen Wohnungen am Markt haben es zwar dulden müssen, daß hier und da stillose Artgenossen die ehemals konsequent durchgeführte, harmonische Lineatur der Treppengiebel unterbrechen, aber die alte Garde ist noch da. Mit dem neuen Rathaus, dem seinen Gebäude, das es verstanden hat, wie taktlos es sei, das Eigenartige einer typischen Umgebung als frecher Eindringling zu zerstören, gelingt es jener alten Garde, den Platz vor Charakterlosigkeit zu bewahren. Aber er ist so leer. Nur auf der Grenze der Aufpflanzung, die, als „Grüner Markt" einen Teil des großen Quadrats ausfüllt, steht eine Pumpe, als wäre sie eine Heiligenkapelle. Sie scheint sich da wohl bescheiden zurückziehen zu wollen und geniert sich, wenn sie durch Mangel an Konkurrenz alle Aufmerksamkeit auf sich ziehend, als ein nüchterner, gegossener Einarm in ihrer Kapelle den näher tretenden Touristen enttäuscht.

Früher war es anders auf dem Markt. Einen Stadtheiligen hat es, nebenbei gesagt, gegeben, jedoch erst in späteren Zeiten. Es war „die liebe Justiz", wie der Herzog sagte, die sich eine Stelle am alten Rathaus auserwählt hatte. Aber in den frühesten Zeiten war die echte holländische Wage der Mittelpunkt von Leben und Bewegung. Da herrschte Jan Schulmeister, nicht als Pädagoge, — das tat er, wenn er nichts Besseres zu tun hatte, — sondern als Wagemeister, und das war kein leichtes Amt. Im Jahre 1623 hatte die Stadt Wagerecht bekommen und dann hatte man die große Bilanz vorläufig nur in der Notkirche, die zu gleicher Zeit Markthaus war, aufgehängt, jedoch bald erstand in einer Seitenstraße die remonstrantische Kirche mit ihren Zwillingsgiebeln und ihrem hölzernen Turm, der bald, hoch über die Häuser emporragend, auf den Markt herniederblickte, und, zufrieden, daß das Heiligtum kein Markthaus mehr war, feststellen konnte, daß die Bilanz in ihrer eignen Wohnung, der Wage, eifrig benutzt wurde.

Nicht nur die Jahrmärkte brachten großen Verkehr mit sich, sondern auch jeder Wochenmarkt. Und wenn das Glöcklein, das auf dem Markt an einem hölzernen Gerüste hing, läutete, fing das Leben an. Dithmarscher, Eiderstedter und Stapelholmer Bauern, holländische Hausfrauen und Kaufleute, Schiffer, die Proviant einkaufen mußten, Fischhändler und Höterfrauen handelten, feilschten und wimmelten durcheinander. Jan Schulmeister nahm die Wagen mit Getreide in Empfang und maß das Korn, das nachher auf den städtischen Mühlen gemahlen werden sollte, wenigstens in sofern es von Friedrichstädtern angelauft wurde. Denn der Müllerbetrieb war städtisch und seit 1624 durften die Einwohner nur auf den städtischen Mühlen mahlen lassen. Daß der Kornhandel anfangs recht lebhaft war, geht aus der Tatsache hervor, daß die Mühle im Jahre 1629 für 1200 Mark, 1630 aber für 3850 Mark verpachtet wurde. Ein Jahr später war die Pachtsumme jedoch 3000 Mark. Die Graupenmühle stammt aus dem 18. Jahrhundert; die Borkmühle wurde jedoch 1626 von Hieronymus Tyckmaeker und Robert Audacius erbaut und später, im Jahre 1647 von der Stadt übernommen. Man halte mir diese Abschweifung zu Gute: Markt und Mühlen gehörten zusammen!

Ein alter Bericht sagt, daß Friedrichstadt den bedeutendsten Markt in jenen Gegenden gehabt habe. Herzog und Stadtregierung hatten ihr Möglichstes getan, den Markt zur Blüte zu bringen. Mit Energie wurde Mißbräuchen gewehrt, wie z. B. dem Aufkaufen der Waren von den Kleinhändlern, bevor die Bauern in der Stadt waren. Die Ladenbesitzer in der Stadt durften während der Marktzeit keine Artikel verkaufen, die auf dem Markt zu erhalten waren. So war es gelungen, den Markt in Friedrichstadt zum wichtigsten Teil des Handels zu machen. Wenn es nun nur mit dem Großhandel gelingen wollte! Was sollte aus der Fahrt nach Spanien werden? Wie würde die Heringsfischerei sich entwickeln? Würde der Walfischfang lebensfähig sein? Und was sollte man von der Konzentration des Salzgroßhandels in Friedrichstadt denken? Später fing man wohl an, ungläubig über van de Weddes Phantasien zu reden, die sich bis nach Neu-Guinea, der Türkei und den Berbern erstreckten. Aber in den dreißiger Jahren kam eine neue, hochgespannte Erwartung: sollte es gelingen, den persischen Seidenhandel auf Friedrichstadts Markt zu bringen? — Alles schöne Träume, aus denen nichts ward.

Wir kehren zu der Wirklichkeit zurück und nehmen die Geschichte des spanischen Handels wieder auf, der sich im Jahre 1627, dank dem Traktat mit Spanien, so schön anließ.

Neue Handelspläne und neue Menschen treten in den Vordergrund. Zu den letzteren gehört der tüchtige Ritter Rodenburgh, dessen Namen wir schon am Anfang der Geschichte als Propagandisten für die Auswanderung nach Dänemark genannt haben. Van de Wedde schreibt in einem Brief im Jahre 1628, Rodenburgh wolle für den Herzog nach Brabant gehen, um über Handelsinteressen zu reden; aber Pater Nicolas Jansenius halte es nicht für geraten aus Gründen, die man besser besprechen als schreiben könne. Beide Männer scheinen es sehr ungern gesehen zu haben, daß der Ritter sich in die Sachen des Herzogs einmischte, und, obschon sie seine Tüchtigkeit anerkennen mußten, sind sie fortwährend bestrebt, ihn in den Hintergrund zu schieben. Sie meinten, daß er in England wohl gute Dienste leisten könne, jedoch nicht im Mittelpunkt der herzoglichen Handelsinteressen. Nach van de Weddes Urteil soll er ein geschickter Mann gewesen sein, jedoch nicht sehr angesehen, weil seine Handlungen oft den Beigeschmack unreeller Bestrebungen hatten, und man bei ihm sein Geld leicht los werden konnte. Früher habe er über Stand und Vermögen „harlekiniert" und Geld klein gemacht, das scheine jedoch in ihm verstorben zu sein. (Leider ist es hier unmöglich, van de Weddes gelungene Wortbildung charakteristisch zu übersetzen. „Rodenburgh heeft boven Stand en vermogen gepiasseerd en gespenbeerd.) „Nach Lectüre zu verbrennen!" steht am Ende des Briefes. Diese Notiz kommt in der Korrespondenz, in der die Tonangeber einander anschwärzen, mehr als einmal vor. Dem Herzog scheinen diese Bitten überhaupt nichts gegolten zu haben.

Zum Glück verhindert der Rat der Freunde den Herzog nicht, den begabten Mann an sich zu fesseln und ihn schließlich zu seinem Residenten zu Brüssel zu ernennen. Das „piasseeren" schien wahrlich in ihm verstorben zu sein, und von Unzuverlässigkeit spürt man in den Briefen nichts. Man lernt ihn aber als einen scharfsinnigen Mann kennen, der mit beharrlichem Eifer die Interessen des Herzogs vertritt und seinen hohen Kommittenten mehr als einmal durch sehr bedachtsame und freimütige Kritik vor Fehlgriffen, die ihn bedenklich blamiert haben würden, bewahrt.

Zur Zeit, als er in den Vordergrund trat, nehmen auch die Bemühungen um den Salzhandel ihren Anfang. Van de Wedde war wieder der große Pläneschmied. Er versprach sich einen Riesenerfolg; auch wenn der Krieg gegen Dänemark anhielt, würde es wohl gehen. Eine Gesellschaft sollte die Sache in die Hand nehmen; zehn oder zwölf Personen hätten zehn- bis zwölftausend Reichstaler zu geben; zwölf bis fünfzehn Schiffe sollten angeschafft werden, und das Übrige sollte mit Mietsschiffen besorgt werden; im ganzen sollten sechzig bis siebzig Schiffe fahren. Van de Wedde wollte das alles wohl besorgen und das Geschäft florieren lassen, wenn Spanien und Portugal nur wollten.

In Amsterdam bemühte sich Hertogvelt für die Sache; in Rotterdam Brasser und auch korrespondierte van de Wedde schon mit einem Bekannten am Hof, der viel Gutes würde tun können, wenn die Schiffe angehalten werden würden. In Hamburg hatten zwei Kaufleute ihre Hülfe zugesagt, aber, aus Furcht vor Neid, wurden sie noch nicht genannt. Natürlich hatte van de Wedde für sich persönlich günstige Bedingungen gestellt, nämlich ein Zwanzigstel der Salzverdienste. Weiter teilte er mit, daß jemand in Friedrichstadt der Meinung sei, daß man alles Salz von Spanien durch die Gesellschaft beziehen lassen solle; und das fand er einen glänzenden Gedanken: das Geschäft würde so desto größer und auch desto sicherer werden. Auch hatte van de Wedde noch einen ganz besonderen Gedanken, aber den wollte er dem Herzog erst mitteilen, wenn die Salzprozente ihm bewilligt sein würden.

Anfang 1630 erhielt er eine ausgedehnte Vollmacht zum Anwerben von Beteiligten. Und darauf schien alles flott von statten zu gehen. Sogar in Brüssel übertraf man sich selbst und genehmigte die Vorschläge zum Salzhandel. Nur sollte Madrid alles noch besiegeln: darin lag noch eine kleine Schwierigkeit! Man war da so unberechenbar! Hatte Pater Jansenius seine Verwunderung nicht darüber zu erkennen gegeben, daß der König von Spanien Pässe für holländische Schiffe verliehen hatte, unter der Bedingung, daß die Rebellen einen Dukaten über die gewöhnliche Summe bezahlen sollten, und hatte die Statthalterin nicht Schutzbriefe für von Holländern bezahlte Schiffe, die Salz aus Spanien holen sollten, ausgestellt? Zwar würde das nicht lange so bleiben, denn durch die Besetzung von Pernambouco war die befürchtete

Friedensgefahr vorläufig gewichen. Spanien würde nun gewiß auch weniger entgegenkommend werden; aber dennoch: die Päffe waren verliehen. Zum Glück kam die Rettung von ganz unerwarteter Seite: die Staaten von Holland verboten selber bei Strafe der Konfiskation, die Päffe der Statthalterin zu gebrauchen. Nun wollte van de Webde, daß der Herzog ihm freie Hand gebe und ihn, mit Pater Jansenius, die Sache behandeln lasse. Der letztere sei zwar weniger geeignet für die Vertretung der Handelsinteressen, jedoch könne er als Diplomat gute Dienste leisten, der Handel solle von van de Webde geregelt werden. Ungeachtet dieser Anempfehlung des Paters umgeht er ihn, wo er kann, ebenso bemüht er sich, Rodenburgh und den Generalvertreter Spaniens, Gabriel de Roy, den Chef des spanischen Kommissars in Friedrichstadt, von der Sache auszuschließen.

Pater Jansenius tat seinerseits sein Bestes. Er wußte zu erzählen, daß Dünkerken und Ostende sehr kräftig gegen die Bevorzugung Friedrichstadts protestierten und daß England alles mögliche tue, den Salzhandel an sich zu ziehen. Es biete dafür 500000 Dukaten an.

Van de Webde ist sehr ängstlich vor den Bemühungen des Nicolas Jansenius, der ihm diplomatisch überlegen ist und dessen Freundschaft er nicht vertraut. Mit Recht! Indem er sich selbst sehr lobt und immer drängt, nach Brüssel abgeordnet zu werden, schreibt der Pater dem Herzog: „Dieser Mann kann die Sache mehr verderben, als ihr nützen, wie ich schon in andren Dingen erfahren habe. Was ich für ihn bei meinen Freunden bewirkte, lief für mich beschämend und für sie nachteilig ab. Darum muß man allmählich die Hände von ihm abziehen. Auch können die Gelder der Freunde ihm nicht anvertraut werden. Ich riet ihm, nicht nach Brüssel zu kommen, weil das schädlich sein könnte; und das ist wahrlich der Fall."

Es gehört ein bestimmtes Maß Vertraulichkeit dazu, einem hohen Freund so über einen Günstling, dem kurzvorher noch sehr wichtige Dinge anvertraut sind, schreiben zu können. In der Tat stand Jansenius zu jener Zeit in höher Gunst beim Herzog, dem er seinen minderwertigen Bruder als spanischen Kommissar aufgedrängt hatte, dessen Interessen er jedoch im übrigen mit Talent förderte.

Es liegt aber in den Verhältnissen etwas widerwärtiges. Van de Weddes abenteuerliche Pläne hatten beim Herzog Eingang gefunden und zusammen hatten sie sich alles Gute versprochen. Allmählich war eine gewisse Entfremdung zwischen beiden eingetreten. Van de Weddes unsympathische, aufdringliche, dünkelhafte Art, seine fehlschlagenden Unternehmungen, seine verkehrten Ratschläge hatten das veranlaßt. Aber der Herzog stand selber augenblicklich doch auch wieder mitten in einer großen Unternehmung, die van de Webde organisiert hatte. Der letztere schrieb zu jener Zeit: „Sollte ich nun immer das Frettchen sein, das das Wild aufsucht, der Esel, der die schwere Last immer trägt, ohne die Frucht zu genießen? Hat man mir ja die Statthalterwürde zum Schaden der Stadt und zu meinem eigenen Nachteil genommen. Ich habe es genügend vorhergesagt, aber damals glaubte man mir nicht." Nun wünsche er, daß der Herzog ihm geradeaus erkläre, ob er ihn im Salzhandel verwenden und anerkennen wolle. Im selben Brief teilt er noch mit, daß er mit Pater Jansenius die Freundschaft, die nie abgebrochen war, wieder erneuert habe. Kurz darauf folgt der Auftrag zur Zusammenstellung der Salzgesellschaft und eben nachher schreibt Pater Jansenius den kalten herzlosen Brief; demgemäß handelt der Herzog am Ende.

Keine der Parteien handelt tadellos, auch van de Webde nicht, aber die falsche Freundschaft des Jansenius erregt Widerwillen und auch die untreue Freundschaft des Herzogs ist unsympathisch; er verspricht und hält sein Wort nicht; er gebraucht van de Webde und dennoch spricht er mit seinem geheimen Gegner derart, daß dieser für ein Schreiben wie das genannte auf einen guten Empfang rechnen kann.

Mit dem Salzhandel verlief es ebenso kümmerlich wie mit den andern spanischen Handelsunternehmungen. Nicolas Jansenius kam ohne van de Webde auch nicht weiter. Der letztere wußte schließlich nichts Besseres zu tun, als die Korrespondenz recht animiert zu führen. Es scheint wohl, daß sein Unglück seine Phantasie anregte und der Glaube an seinen endlich triumphierenden Erfolg ihn nicht verlassen wollte. Die fixe Idee, Salzmagnat und Handelskönig von Friedrichstadt werden zu müssen, wächst und macht seine Phantasie immer wilder, je weniger die Wirklichkeit dazu paßt.

Mit Spanien komme man nicht weiter: vielleicht könne die Sache noch vier Monate dauern, aber dann gehe die günstige Gelegenheit verloren, schreibt er. Wenn es nun mit dem Salzhandel nicht nach Wunsch gehe, dann müßten die andern Handelspläne mit Spanien aufrecht erhalten werden. Wenn nötig, handle man ohne den spanischen Kommissar Quirinus Jansenius. Er meine, daß alles von ihm abhängen solle. Unsinn!

Der ehemals so ungünstig beurteilte Robenburgh ist nun der Mann: er soll die Sachen in Brüssel leiten; vielleicht könne man dann bald das Joch des Kommissars abschütteln.

Im Oktober bittet van de Wedde um Pässe für 15 oder 20 Schiffe, die zum ersten mal aus Holland fahren sollen. So rüstet er sich, um fertig zu sein, wenn man mit Spanien ins Reine gekommen ist. Wie eine kalte Douche folgt hierauf die Mitteilung des Jansenius, daß der König so viel Zoll erheben wolle, daß Friedrichstadt völlig mit den holländischen Rebellen gleich gestellt sein würde. In Spanien spielte man scheinbar mit dem Herzog und seiner Handelspolitik.

Indessen arbeiten van de Wedde und Nicolas Jansenius weiter, indem sie einander möglichst viel schneiden. Das gelingt dem schlauen Pater besser als dem Kaufmann. Ein Antwerpener Großhändler, der schon lange über die Sache gesonnen hat, wird von Jansenius begünstigt, indem er van de Weddes Stellung systematisch untergräbt. Der letztere schreibt dem Herzog, ob es jetzt sein Wille sei, den Handel anderen in die Hände zu geben; er möchte es gern vor seiner Abreise nach Holland wissen. Was der Herzog antwortete, ist unbekannt, aber van de Wedde korrespondierte weiter. Es folgen neue Vorspiegelungen über die Organisation der Gesellschaft und neue Pläne, für den Fall, daß die Unterhandlungen mit Spanien scheitern. Gehe es mit Spanien nicht, so probiere man es mit französischem Salz! Darüber solle der Herzog nun aber schweigen, damit nicht allerlei dazwischen trete. Und für den Fall, daß nach dem ganzen Plan, Friedrichstadt durch das Einführen von Salz zu einem internationalen Salzmarkt zu machen, nichts komme, hat er einen ganz neuen Gedanken, dessen Verwirklichung die Stadt jedenfalls hoch bringen würde. Man solle das Salz in einer neuen Weise direkt aus dem Wasser ziehen. Durch Exholation

solle man Seewasser mit ca. $9^1/_2$ Prozent Salz zu 23 prozenthaltigem Wasser machen. Darauf folge die weitere Behandlung. Man habe das neue System erst acht oder neun Jahre ausprobiert. Van de Wedde will auf Sylt eine Probe machen und hofft auf einen glänzenden Erfolg. Wenn es gelingt, dann braucht der Herzog kein Salz mehr aus dem Ausland zu beziehen. Aber nun wünschte van de Wedde all seine Neider von dieser Unternehmung auszuschließen: darum will er für sich und seine Familie ein Oetroi.

Die Gesellschaft sollte dann für einen bestimmten Preis liefern und, so lange genügend Salz geliefert werde, dürfe man in den herzoglichen Landen kein auswärtiges kaufen. So schmiedete der ruhelose Kaufmann immer neue Pläne. Er behauptete zwar wiederholt, daß es „zum Verzweifeln" sei, aber nie verlor er den Mut. Ob van de Wedde erwartete, daß es ihm möglich sein würde, in dieser Weise so viel Salz zu liefern, daß Friedrichstadt auf dem internationalen Markt von Bedeutung werden würde, geht nicht aus den Briefen hervor. Dem sei wie ihm sei: es entstand aus diesen neuen Plänen ebensowenig etwas Gutes, als aus dem Salzhandel mit Spanien.

Im März 1631 meint van de Wedde, daß die Chance auf einen Salzkontrakt mit Spanien sehr zurückgehe. Man hatte überdies in Holland den Entschluß gefaßt, Salz aus Westindien zu holen, dazu gebrauchte man große Schiffe. Es würde eine gewaltige Konkurrenz werden, die Friedrichstadt schädlich werden müsse. Dies ist einer der letzten Berichte über die Salzunterhandlungen. Darauf folgt bald die Klage, daß man das Salz nun auch direkt in Holland einführen könne, wie sollte man es erst nach Friedrichstadt bringen! So war es den Holländern im Schleswigschen denn doch nicht zum Vorteil, daß der Friede im Vaterlande noch ausblieb. Ob es anders geworden wäre, wenn der Herzog mit seinen Mithelfern, die einander das Licht der Augen nicht gönnten, die Unterhandlungen mit mehr Takt geführt und den intelligentesten Diplomaten aus ihrem Kreise nicht ausgeschlossen hätte? Jedenfalls wäre es richtiger gewesen, wenn Nicolas Jansenius nicht alles ohne Rodenburgh hätte tun wollen. Dieser war verstimmt und behauptete, daß er die Sache leicht zum Vorteile von Friedrichstadt hätte gedeihen lassen können, wenn er nur einige Monate früher davon gehört hätte. Van de Wedde, der dies mitteilt, fügt hinzu, es sei auch verkehrt gewesen, daß der Herzog ihm nicht freie Hand gegeben habe.

Zu Gottorp las man solche Behauptungen mit immer wachsender Ungeduld. Van de Wedde mußte sich viel gefallen lassen. Das gab zu neuen Gemütsergüssen Veranlassung. Der Kammerdiener im Schloß habe ihn mehr als stolz, schmählich, unbescheiden und „mordicant" behandelt. Der Oberhofmeister habe gesagt, daß man ihn zum Hauptmann der Malcontents machen solle. Aber es sei van de Weddes Schuld nicht, daß er, mit all seinen Arbeiten, dem Herzog nur wenig Vorteil gebracht habe, „Sonn' und Mond waren gegen ihn". Man muß Mitleid mit dem unglücklichen Mann haben, der so viel Energie entfaltete und so wenig erreichte; aber man kann es dem Herzog kaum verdenken, daß er dem eifrigen Helfer nicht all zu viel Freiheit gewährte. Alles Hinterherreden war jedoch überflüssig: der Salzhandel mit Spanien war vollkommen mißlungen.

Pater Nicolas Jansenius ist der erste der Hauptspieler in Friedrichstadts Geschichte, der von der Bühne tritt. Sein Name wird noch in zwei Sachen genannt. Im Jahre 1630 teilt van de Wedde mit, daß der vielseitige Mönch ein Projekt für eine neue Schleuse habe, das er jedoch nicht mitteilen wolle.

Aber seine Arbeit im Interesse des Getreidehandels war wichtiger. Es war im soeben genannten Jahr, daß er seine Pläne „de societate rei frumentariae Fredericopolitani instituendae" auseinandersetzte; es war ein Entwurf, der sich durch nüchternen, ruhigen, praktischen Sinn kennzeichnete. Bald folgte ein gut ausgearbeitetes Konzept für ein Regulativ, das mehr als irgend ein anderes Projekt auf guten Grundlagen ruhte, weil es dem Handel mit Produkten der Herzogtümer selber galt, für die man einen regelmäßigen Absatz erwarten konnte, wenn die Schiffahrt selber nur nicht zu sehr gehemmt würde. In unterhaltendem Stil, in fließendem Latein setzt der Pater seine Pläne auseinander; er erwartet einen blühenden, sei es denn auch nicht große Schätze einbringenden Handel mit dem Ausland, speziell mit Spanien. Aber gerade dieses Land und dessen Kommissar, der Bruder des Paters, sollten es bewirken, daß auch auf diese Erwartungen eine Enttäuschung folgte.

Nicolas Jansenius wurde durch den Tod seiner Arbeit entzogen; er fällt als Opfer der unseligen internationalen Verhältnisse, die Friedrichstadt selber so verhängnisvoll waren. Mit einem Sohn seines Bruders Quirinus ertrank er, als das Schiff, auf dem er sich befand, von Dünkerker Kapern angefallen wurde.

Nun werden wir den Kreis der bedeutenden Männer immer kleiner werden sehen; nach einander fallen van Moersbergen, van de Wedde und Quirinus Jansenius. Wir müssen jedoch mit der Geschichte des letzteren anfangen.

Im Jahre 1628 war Quirinus Jansenius als Kommissar von Spanien nach Friedrichstadt gekommen. Man hatte ihn als die Hoffnung der neuen Handelsstadt begrüßt. Der Traktat des Jahres 1627 sollte sie groß machen und der Kommissar war der Mann, der für dessen richtige Ausführung sorgen sollte. Wie wir schon hörten, hatte der Traktat die erforderliche Autorität und Freiheit festgesetzt; ein Umstand, den Quirinus auszunutzen wußte und der den Herzog in seiner Macht so sehr beschränkte, daß es oftmals in seiner Abhängigkeit von diesem spanischen Beamten eine traurige Figur spielte. Er sah ihm nach den Augen, ebenso wie er alle Wünsche seines Chefs, des Generalkommissars in Nord-Deutschland, Gabriel de Roy, der in Hamburg residierte, zu erfüllen suchte.

Es muß zugegeben werden, daß Quirinus Jansenius eine schwierige Stellung hatte; seine Vorgesetzten waren Spanier, die es mit fanatischem Haß auf den Untergang des holländischen Handels abgesehen hatten, und viele Holländer waren bemüht, in listiger Weise vermittels der neuen Stadt gute Geschäfte mit Spanien zu machen. Zu dem Zweck sollten sie Quirinus Jansenius irre führen, und dieser mußte fortwährend auf seiner Hut sein, daß er es in Brüssel nicht verdürbe.

Die Regierung in dieser Stadt handelte mit den Rekonziliationen willkürlich, auch weider aus Furcht betrogen zu werden, und sie war überdies so sehr durch bürokratische Trägheit verseucht, daß alles, auch die gesundeste Sache, in die Länge gezogen wurde. Natürlich hatten die Friedrichstädter Kaufleute stets Eile und ließen den Kommissar nicht in Ruhe, wenn sie auf Rekonziliationen ober Pässe warteten. So mußte Quirinus Jansenius fortwährend in der Brandung schwimmen; kein Wunder, daß er nach Kunstmitteln griff, um treiben zu bleiben.

Ein gereizter Brief der Statthalterin in Brüssel orientiert uns über die Mühen und Sorgen des Kommissars näher. Sie schreibt, daß Schiff und Waren, die man in Friedrichstadt geladen habe, so bedenklich den holländischen Schiffen und Produkten ähnelten, daß ein Betrug nicht zu kontrollieren sei. Der Kommissar solle nun alle möglichen Erkundigungen über die Schiffe, die ausfahren, mitteilen. Wäre es vielleicht möglich, daß die Schiffer in Friedrichstadt ein Stüblein mieteten, um ihr Schiff frei zu machen, und doch eigentlich keine Einwohner würden? Sie führen vielleicht mit demselben Paß in Holland und Seeland und benachteiligten Spanien. Auch wunderte es die Statthalterin, daß sie aus den Landen, die man für sehr begünstigt halten könne, nur ein Schiff kommen sehe mit holländisch scheinenden Waren.

Jansenius antwortete mit einem Brief, der einen interessanten Blick in die traurigen Verhältnisse werfen läßt. Zuerst schreibt er über die Mißbräuche, die, wie man behauptet, im Schatten der Rekonziliation vorgekommen seien.

Es solle nur ein Schiff gekommen sein. Der Kommissar sei unschuldig; im November 1627 sei der Kontrakt unterzeichnet, er selbst sei erst im November 1628 nach Friedrichstadt gekommen. Ihm könne man keine Vorwürfe machen und den Einwohnern auch nicht, denn der lezte Krieg habe die Schiffe für Transporte erforderlich gemacht und bis zum August 1629 festgehalten. Dadurch hätten viele sich zurückgezogen, die Rekonziliationen empfangen hätten; diese Stücke seien jezt in Händen des Kommissars. Jedoch seien mehrere Reisen von Friedrichstadt aus unternommen.

Jansenius beklagt sich weiter über die Schwierigkeiten, die der Heringsfischerei gemacht werden. Ein Schiff wurde als Prise weggeführt, obschon es Briefe vom Kommissar vorzeigen konnte und Waren für Friedrichstadt geladen hatte. Die Fischerei habe sehr darunter gelitten, daß die Netze der Heringsschiffe von flämischen Booten zerrissen seien. Ein Seekapitän habe seine Rekonziliation verloren, und nun sei ihm das Schiff genommen und er selbst ins Gefängnis gebracht. Da sei er in Elend gestorben, obschon die Statthalterin seine Befreiung genehmigt habe. Achtzehn Monate habe man das Verleihen von Rekonziliationen verzögert, so hemme man Friedrichstadts Handel.

Es könne aber alles noch gut werden; man habe Pläne, die zu etwas Großem werden könnten. Der Herzog beabsichtige, einen Handelsweg zwischen Friedrichstadt und dem Baltischen Meer zu bahnen; das verspreche eine gute Seefahrt und werde Holland sehr schaden. Der Hafen der Stadt sei gut und durch Anwendung bestimmter Erfindungen werde man ihn ebenso tief, breit und leicht erreichbar machen, wie die holländischen Häfen. Die Schiffe machten mit den Pässen des Kommissars nur eine Reise, so daß damit nicht viel Betrug verübt werden könne, und wenn die Remonstranten schon einmal betrogen hätten, so stehe dem gegenüber, daß Holländer sich zu Brügge und Gent festsetzten, sich hielten als seien sie katholisch und mit holländischen Schiffen handelten.

Die letzte Bemerkung, die die Befürchtungen der Herzogin indirekt bestätigt, muß wohl ein sehr unglückliches Ende für die Verteidigungsrede genannt werden. Aus dem Ganzen geht aber hervor, daß der Kommissar anfangs eifrig für Friedrichstadts Handel eintrat. Seine Anwesenheit wurde jedoch schon als ein Druck empfunden; man ahnte in ihm den spanischen Spion, und das war er auch. Es kam hinzu, daß er meinte, der spanische Handel solle völlig von ihm abhängen, und er machte Bemerkungen, weil der Herzog ihn nicht genug zu den Plänen für den Salzhandel herangezogen hatte.

Recht unangenehm war es, daß Jansenius sich bemühte, portugiesische Juden von dem spanischen Handel auszuschließen. Wahrscheinlich wurden die Juden zu jener Zeit nur, um Spanien nicht zu verstimmen, nicht geduldet; der Herzog würde sonst zweifelsohne dem Beispiel von Amsterdam und Hamburg gefolgt sein, wo man die vermögenden portugiesischen Israeliten gern aufnahm.

Das war jedoch nicht das schlimmste; bedenklicher war, daß der Kommissar mit den Rekonziliationen und Seepässen so schwierig war und sich eine Macht anmaßte, die alle Grenzen überschritt. Es kam jetzt eine Periode in der Geschichte Friedrichstadts, die der Gottorpschen Regierung keinen Ruhm brachte: immer wieder muß man sich wundern, daß der Herzog das Opfer eines so frechen Benehmens geworden ist.

Der Kommissar wünschte sich der Bestimmung, daß jeder Bürger sein Korn auf der städtischen Mühle mahlen lassen solle, nicht zu unterwerfen und forderte Freilassung von Steuern. Beides wurde ihm bewilligt, obschon die Herren der Stadtregierung darüber empört waren.

Jansenius forderte Bürgen von den Seekapitänen und ließ schwere Bußen bezahlen, von denen der Herzog die eine Hälfte, Spanien die andre erhalten sollte. Der Herzog verzichtete gewöhnlich auf seinen Teil; Quirinus nahm das Seinige rücksichtslos und ließ es in die eigne Tasche gleiten. Die spanische Regierung wußte von der ganzen Geschichte nichts. Er verbot den Seekapitänen, in holländischen Häfen einzulaufen und gab nur Pässe für ein halbes Jahr, ohne zu dieser Einschränkung beauftragt zu sein. Er ließ sich Geld für Rekonziliationen bezahlen, lieferte sie aber nicht ab, es sei denn, daß er sie überhaupt nicht von Brüssel empfing, oder sie nicht geben wollte. Aber wenn man das Geld zurückhaben wollte, weigerte er sich, es zu geben. Van Moersbergen, der Statthalter, der wohl vor allen andren es als seine Aufgabe hätte betrachten müssen, die Übergriffe des Kommissars zu bekämpfen, sträubte sich anfangs zwar gegen den spanischen Tyrannen und stieß einen Augenblick mit ihm zusammen, aber bald verbanden sich die zwei Machthaber. Da passierte das unglaubliche Ereignis: Statthalter und Kommissar gründeten mit eigner Autorität einen Gerichtshof mit dem anmaßenden Titel „Senatus Navigationis." „Und nachdem sich diese zwei schändlicherweise, in ihrem Stolz, dazu erdreistet haben, bestreben sie sich, Bürger und Seeleute vor ihr Gericht zu ziehen, sie zu untersuchen und und ihnen den Eid abzunehmen, Bußen bezahlen zu lassen und andere Unverschämtheiten zu pflegen." Ein Prozeß, in dem Schiffskapitän Marten Bochholt, Willem Verdam und Hendrik Bochholt genannt werden, wirbelt viel Staub auf. Der Schiffer wurde beschuldigt, seinen Paß mißbraucht zu haben, weil er seine Frau in Holland zurückgelassen und selbst kein Domizil in Friedrichstadt genommen hatte. Nun wollte er, nachdem er schon einen Paß empfangen hatte, sich auch eine Rekonziliation nach Holland senden lassen. Quirinus durchschaute den Schiffer und weigerte sich, die Rekonziliation zuzusenden, obschon sie bereits bezahlt war. Der Kapitän wollte nun weder fahren noch das Bürgerrecht taufen. Jansenius schrieb ihm darauf, daß er, wenn nötig, ohne Ladung mit Frau und Kindern nach Friedrichstadt kommen solle. Das verweigerte er, wenn er keine Fracht für den Bestimmungsort bekommen könnte. Es wurden Briefe, die sich auf die Sache bezogen, an Hendrik Bochholt geschickt und dieser weigerte sich nun, sie abzuliefern, wenn er nicht erst die dreißig Reichstaler, die für die Rekonziliation bestimmt waren, zurückempfinge.

Nun griff van Moersbergen ein und forderte ihn auf, vor seinem Privatgericht zu erscheinen, aber Bochholt wollte, als freier Bürger, nur vom Magistrat gerichtet werden. Van Moersbergen ließ ihn einfach einsperren; sein Appell an den Rat der Stadt half, und der Prozeß wurde sehr parteiisch geführt, bis endlich der Herzog sich in die Sache hineinmischte und dem Statthalter befahl, nicht weiter einzugreifen.

Es braucht nicht betont zu werden, daß dieser und dergleichen Übergriffe eine gewaltige Störung in den Handelskreisen verursachte und die Verbitterung in den Regierungskreisen bis zum Höhepunkt stieg. Der Zorn gegen Quirinus Jansenius war gewaltig, aber der mußte einstweilen heruntergewürgt werden.

Mit dem Statthalter konnte man anbinden. Man vermutete mit Recht, daß der Herzog ihn fallen lassen wollte und konnte, weil er keine mächtige Stütze im Rücken hatte, wie der spanische Kommissar.

Van Moersbergen soll fallen! Das war nun das Losungswort der Herren auf dem Rathaus. Und sie haben ein Verfahren gegen ihn angestrengt, das ihnen glänzend gelungen ist. Der Statthalter machte es ihnen durch sein Auftreten leicht. Er scheint durch den Lauf der Umstände in einen Zustand der Überreiztheit geraten zu sein, die dazu führte, daß er die Herrschaft über sich selbst verlor und sich unmöglich machte. Das Verhältnis zwischen ihm und der Mehrheit der andren Tonangeber in der Stadt wurde ein öffentlicher Skandal, wie aus den Papieren, die über seinen Fall handeln, ersichtlich ist.

Grevinchovius hat in der Bewegung gegen van Moersbergen die Hauptrolle gespielt. Er reiste nach Glückstadt, wo der Herzog sich beim König von Dänemark befand, und überreichte dem erstgenannten eine Bittschrift zur Entfernung des Statthalters, damit die Stadt von dieser Sklaverei erlöst und zur Ruhe gebracht werden möchte. „Die Pfaffen haben es ihm angetan", wurde nachher behauptet, und es wurde von den wenigen Freunden des Statthalters tüchtig auf Grevinchovius geschimpft, aber dieser kümmerte sich wenig darum und schrieb an Wtenbogaerdt: „Ich lasse sie nur gackern, sie sind die Eier los", und er hatte das Gefühl, daß er sich, in kleineren Verhältnissen, verdient gemacht hatte, wie die Befreier von Athen, die die Stadt von den Tyrannen erlöst hatten.

Grevinchovius' Angriffe waren leidenschaftlich und gewaltig. In scharfen lateinischen Briefen beschuldigt er den Statthalter des Machtmißbrauches und der Anmaßung, die es vielen unmöglich machte, mit ihm zusammenzuarbeiten. Pieter de Graef, ein reicher Mann, gab als wichtigsten Grund für seine Abreise an, daß er mit dem Statthalter nicht auskommen könne. Jan Willem Verdam wollte ebenfalls deshalb eine Zeitlang nicht in der Regierung sitzen und nun abreisen. Sein Bruder, Pieter Verdam, dachte auch an die Abreise, würde aber wohl bleiben und seinen Bruder zur Rückkehr überreden, wenn man von dem Statthalter befreit werden würde; Cornelius Geisteranus, der remonstrantische Pastor, wollte nicht länger bleiben, weil van Moersbergen ihm das Leben verbitterte. Doch das war noch nicht alles. Der Statthalter hatte sich so sehr vergessen, daß er „von einem sehr verbrecherischen Anhänger aufgehetzt, an einem öffentlichen, jedoch einsamen Ort, der zum Meuchelmord sehr geeignet war, mit gezogenem Schwert und Messer einen unschuldigen, unbewaffneten Mann, einen der Räte, der auf nichts Übles versehen war, angefallen hat. Welcher Feind gegenüber einem Feind, welcher Räuber gegenüber einem Spaziergänger, hat den Mut, sich zu schlimmeren Dingen zu erdreisten?" Der wütende van Moersbergen schien wahrlich zugehauen zu haben, denn wir lesen weiter, daß das Opfer, das in der Öffentlichkeit angefallen war und mit Schlägen und Wunden bedeckt worden war, den Schreiber des Briefes gebeten habe, für ihn einzutreten.

Wahrlich, Pastor Grevinchovius verstand die Kunst, starke Worte zu wählen. Der Satz „der zum Meuchelmord sehr geeignet war" ist prächtig. Ein wohlwollender Beurteiler könnte jedoch dabei bemerken, daß es wenigstens für den Wüterich sprach, daß er das unschuldige Opfer nicht meuchlerisch ermordet und auf sein Schwert gespießt hatte. Vielleicht hat der Herzog das auch in Betracht gezogen, denn er fand in den Beschuldigungen des Grevinchovius und des Rats keine Veranlassung, ihn als einen Mordattentäter abzusetzen. Aber die Angriffe hatten wohl Erfolg. Es half van Moersbergen nicht, daß er sich in einer Verteidigungsschrift rechtfertigte, er mußte fallen. Aber wie? Der Herzog war in Verlegenheit. Er hatte diesen in seinem willkürlichen Benehmen gewähren lassen; auch war ihm, in der vorläufig eingesetzten Regierung, ziemlich viel Freiheit und Gelegenheit zur Willkür gegeben. Schließlich war der maltraitierte Stadtverordnete auch kein Lamm gewesen, denn van Moersbergen schreibt von der Hilfe, die ein Freund ihm gegenüber dem Gegner geleistet hatte. Es wurde sogar in der Stadt behauptet, daß er den Statthalter angefallen und daß Gualterus ihn beschirmt habe. Wir lesen denn auch wohl, daß ein Kommissar des Herzogs nach Friedrichstadt gesandt wurde, um die Sache zu untersuchen, jedoch fand ich nicht, daß der Statthalter in dieser Beziehung ins Unrecht gestellt wurde. Endlich darf die Frage in uns aufkommen, ob der Statthalter nicht bis zum Äußersten gereizt gewesen sein müsse, daß er so sehr seine Selbstbeherrschung verlieren konnte.

Jedoch war seine Lage unhaltbar geworden. Der Herzog hat ihn nun in einer wenig noblen Weise zur Seite geschoben. Es wurde im Magistrat ernannt, in den er nicht gewählt wurde; der Herzog ermahnte die neue Regierung, dem Statthalter untertan zu sein, und bestimmte, daß durch die Ernennung des neuen Kollegiums, ihm die Aufsicht über die Gemeinde nie genommen werden sollte. Es fragte sich nun, ob er den Vorsitz im Magistrat haben, oder ob man ihm die Entschlüsse nur mitteilen solle. Man war sich nicht klar über des Herzogs Meinung, aber man meinte, daß letztere mehr in Übereinstimmung mit der Art der neuen Regierung sei. Der Kommissar des Herzogs hatte das auch in Aussicht gestellt. Schließlich erhielt van Moersbergen den Befehl, sich vom Magistrat fern zu halten. Nun wußte er genug: er konnte gehen. Jedoch sucht man vergebens unter den Alten, nach einer offiziellen Entlassung. Er verließ Friedrichstadt und ging nach Ost-Friesland. Seine Günstlinge behaupteten, daß er beabsichtige, bald wiederzukommen, aber Grevinchovius urteilt in einem Brief au Wtenbogaerdt, daß er nie wiederkehren würde. Er könne es wohl nicht ertragen, in einem Orte zu sein, wo sich alles um ihn gedreht habe, und wo er nun Leute geringeren Standes in kriminellen und zivilen Angelegenheiten regieren und handeln sehen würde, ohne ihn zu berücksichtigen.

In einem Schreiben vom Magistrat heißt es: „der Statthalter war alteriert und perturbiert, aber Schneider und Weber, Alt und Jung, in den Häusern und auf den Gassen, genug davon wissen zu referieren, daß zwischen ihm und den Bürgern und dem Rat keine Einigkeit, Gunst und Freundschaft war. Es kann und mag der Statthalter deswegen seine Ruhe wohl halten, auch eine ehrliche Person bleiben, endlich auch seine Reise nach den Niederlanden ohne unser Aufhalten wohl fördern."

Diese Reise trennte ihn auf immer von der Stadt, deren höchster Beamter er zehn Jahre gewesen war, ohne ihre Sympathie gewinnen zu können. Er hinterließ keine tiefe Spur in der Geschichte der Stadt. Sehr merkwürdig ist es, daß die Extrakte aus den Polizeiprotokollen, die Gerdt von Rinteln und Leonard Plovier am Anfang des 18. Jahrhunderts so sorgfältig bearbeiteten, so schlecht über die Statthalterschaft orientiert sind, daß man aus ihnen nichts Wichtiges und wenig Richtiges über dieses Amt zu wissen bekommt. Die Person des van Moersbergen scheint bald fast gänzlich vergessen zu sein. Das Statthalterhaus

steht bis auf diesen Tag in Friedrichstadt, aber sein Name ist nicht mehr damit verbunden. Ich hoffe es nachher, bei einer topographischen Skizze des Ortes näher zu besprechen; jetzt erwähne ich nur das Familienwappen der van Moersbergen, das den Giebel schmückt, dessen feiner Stil in van Moersbergen einen Menschen von hoher Kultur ahnen läßt. Das Wappen trägt eine Inschrift, auf die der Bewohner des Hauses wohl manchmal mit einem Gefühl der bittren Wehmut geblickt haben muß: Omne solum forti viro patria. (Ein jeder Boden ist dem tapferen Mann ein Vaterland.) Was mag wohl im Gemüt des Statthalters vorgegangen sein, als er dieses heroische, klassische Wort zum letzten Mal, bei der schmählichen Abreise, las?

Die Macht, die der Herzog ihm gegeben hatte, und seine eigne Herrschsucht hatten ihn, in der

neuen Heimat, gegenüber den selbstbewußten Kaufleuten, unmöglich gemacht. Darauf hatte der Fürst, der ihn mit allen Ehren empfangen hatte, ihn fallen lassen und er zog in aller Stille ab. Aber seine Feinde konnten nicht umhin, dem taktlosen Edelmann, ohne es zu wollen, zu huldigen in den ironischen Worten: „Es kann und mag der Statthalter eine ehrliche Person bleiben."*)

Der Erste, der nach van Moersbergen zu Fall kam, war Willem van Hoven, Heer van de Wedde. Schon im Jahre 1629 waren seine Finanzen in einem verzweifelten Zustande. Neben anderen Gläubigern war es zumal Engelraven, der ziemlich unsympathische ehemalige Pastor, der Notar von Friedrichstadt, der ihn belästigte. Es galt eine Summe von 7000 Talern, die der Schuldner unmöglich bezahlen konnte. Van de Wedde war recht verstimmt, als die Gottorper Kanzlei ihm eine Frist von vierundzwanzig Wochen zur Bezahlung stellte und ihn überdies noch einmal an eine Schuld beim Herzog erinnerte.

Er klagte, daß der Hausvogt schrecklich mahne; es seien Strafmandate gegen ihn erlassen, durch die er in Verlegenheit gebracht werde; der Haß des Höflings Hensbeeck scheine wohl auf den Herzog übergegangen zu sein. Es ist nicht zu verwundern, daß im Herzog immer mehr Bedenken

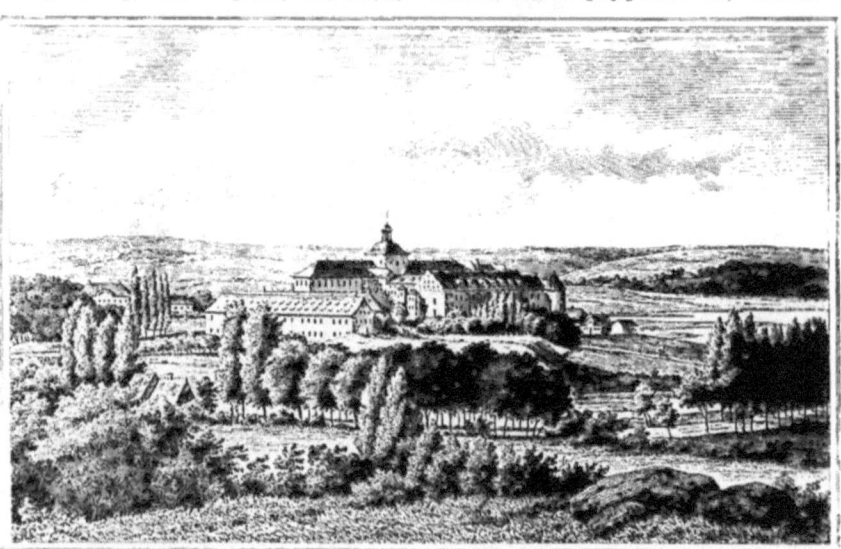

gegen eine Erhöhung des Kredits bei van de Wedde aufstiegen, aber van de Wedde meinte, daß es lächerlich sei, daß ihm für den Haferhandel kein Geld mehr gegeben werde und daß ihm, der er Tausende für den Herzog gewagt habe, so zum Spott der Feinde, mißtraut werde. Der Herzog hatte wahrscheinlich Mitleid mit dem unglücklichen Kaufmann. Mehr als einmal lesen wir anerken-

*) Die Mitteilung in der „Biographische Naamlyst van Professoren, Predikanten en Proponenten der Remonstrantsche Broederschap" daß er im Jahre 1635 wieder in Friedrichstadt gewesen sei und vom Magistrat der Stadt Utrecht zurückgerufen wurde, beruht auf einer verletzten Lesung einer Notiz in dem chronologischen Extrakt der Polizeiprotokolle.

nende Worte über die außerordentlichen Spesen, die er gehabt habe und über seine guten Dienste für Friedrichstadt. Aber auf der Kanzlei wollte man ihn nicht loslassen. Da stand man vor der

Das Schicksal verfolgt den armen Schuldner. Ein Schiff mit Hafer kam gerade in dieser Zeit, durch allerlei Arreste und Verzögerungen, zu spät auf den holländischen Markt; dieser war, durch

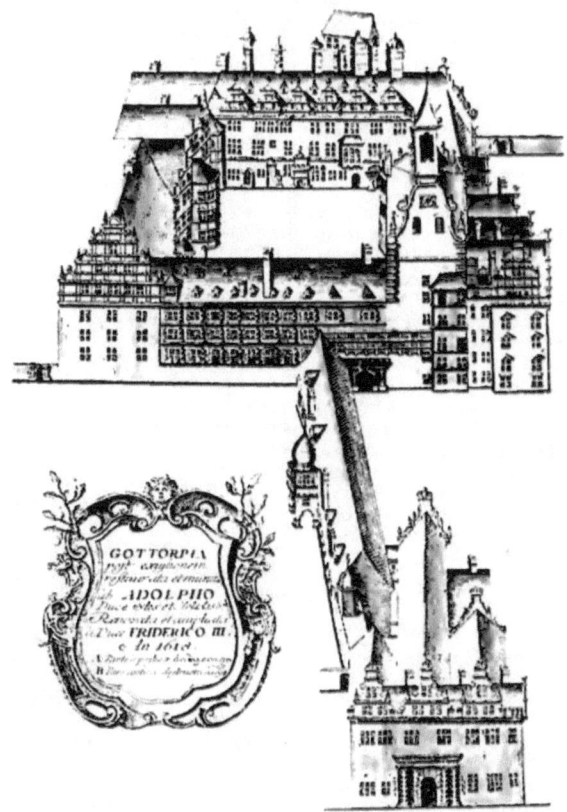

schwierigen Wahl, entweder taub zu bleiben bei den jammernden Briefen des Notars, in denen er „unter vielen Tränen" über das Los seiner Familie klagte, oder van de Wedde anzugreifen.

einen Einfall der Spanier, stark zurückgegangen. Damit wurden wieder 1 200 Mark verloren. Engelraven und Quirinus Jansenius forderten nun, als Hauptgläubiger, einen Konkurs, und so kam es so weit, daß eine öffentliche Versteigerung des Hauses am Fürstenburgwall in Aussicht genommen wurde, wenn die Parteien sich nicht verständigen könnten. Diesmal gelang es noch, die Exekution zu verschieben.

Es erregt Staunen und Bewunderung, van de Wedde mitten in dem Elend arbeiten zu sehen. Es war noch in der Zeit, daß man vom Salzhandel Großes erhoffte. Wir hörten schon, wie sehr van de Wedde sich darum bemühte; in Hamburg macht er persönlich Propaganda für seine Stadt und bestrebe sich, Kaufleute zu überreden, sich dort niederzulassen. Seine Briefe besprechen die Bedingungen, die man in Hamburg stellt, ausführlich; wir brauchen es nicht zu tun, weil das ganze Bestreben keine bedeutenden Erfolge hatte. Wir lesen weiter von der Fahrt nach der Türkei, von einem Gespräch mit einem Freunde, der einige Male für die Staaten von Holland als Gesandter im Land der Berber gewesen war und van de Wedde über eventuelle Handelsverbindungen mit diesem Lande orientiert hatte. Er beteiligte sich lebhaft bei der Bedeichung von Watten und wollte einen Teil der daraus erhofften Verdienste für die Gründung eines remonstrantischen Seminars in Friedrichstadt opfern. Der letztere Gedanke gehörte zu seinen „idées fixes", die ihm sehr viel Ärger verursachten, weil man in remonstrantischen Kreisen so wenig davon hören wollte. Wohl gelang es ihm, ein paar Glaubensgenossen, unter andren Grevinchovius, für die Bedeichungen zu gewinnen. Dieser verlor dabei ein gutes Stück Geld. Van de Wedde hatte bei all seinen Unternehmungen Mißerfolg und zog andre mit ins Elend hinein.

Vergebens erinnerte er in diesen schwierigen Zeiten den Herzog an das Versprechen des Jahres 1622, daß er ihm die Statthalterschaft geben werde, wenn van Moersbergen abdanke. Die Einnahmen, die damit verbunden sein würden, hätten ihm so gut gepaßt, aber der Herzog brach zum zweiten Mal sein Wort und schaffte das Amt ab.

Nun sank die untergehende Sonne des van de Wedde schnell. Im Jahre 1634 hatte er ihrer dreiundsechzig Taler mehr, um seine Landpacht zu bezahlen. Gabriel de Roy mußte 1500 Reichstaler empfangen. Wo sollte er das Geld hernehmen? Könnte der Herzog vielleicht für ihn bezahlen?

Es wäre nur gerecht, wenn er es täte, und zwar von dem Teil der Pachtsummen vermieteter Grundstücke, der ihm zugesagt war. Zwar hatte der Herzog die Gelder nie erhalten, aber weshalb sollte van de Wedde darunter leiden? Der Herzog wurde immer unzugänglicher und die Entfremdung zwischen ihm und dem treuen Pionier nahm zu. Ein Zettelchen des letzteren hat als Nebennotiz: „Am Sonnabend vor Gottorp." Er wünschte zugelassen zu werden, fand jedoch den Palast für sich verschlossen; sein Fürst, der ihm vor fünfzehn Jahren sein Schloß zu Tönning geöffnet hatte, damit es ihm zur zeitweiligen Wohnung diente, wollte ihn jetzt auf Gottorp nicht mehr als einfachen Besucher empfangen. Nun äußerte er sein überreiztes, zorniges Gemüt in einem Brief voll Vorwürfen, der würdiger ist als seine gewöhnlichen Schriftstücke und sie in Schärfe übertrifft: Er habe sein Land verlassen, ohne daß er dazu verpflichtet gewesen sei. Tausende habe er im Salzhandel, in der Ziegeleien, in der Schiffahrt nach Spanien und andern Ländern, zumal in der Heringsfischerei gewagt und geopfert. In allen Sachen habe er gearbeitet, ohne jemals Gehalt zu empfangen; der Anteil an den Pachtsummen sei ihm vorenthalten; viele Jahre habe er in Kummer und Not gelebt, immer auf Erleichterung hoffend, nun fordere er den Herzog auf, das Geld zu geben, das er ihm schuldig sei.

Es half nichts, der Fürst verlieh ihm nur Aufschub der Bezahlung für die Gelder, die er ihm geborgt hatte. Aber Gabriel de Roy sollte das Seinige empfangen; gegenüber dem hohen, spanischen Residenten konnte er seinen alten Freund nicht beschützen. Quirinus Jansenius hatte demgemäß freies Spiel und bedrängte als Vertreter de Roy van de Wedde bis zum Äußersten.

Das war endlich seiner treuen Gattin, Magdalene van der Duffe, zu viel. Die arme Frau, die ein qualvolles verborgenes Heldenleben in unsrer Stadt geführt hat, die immer mit ihrem Willem van de Wedde gestrebt, gehofft und gelitten hatte und unter dem Familienleid ihre Gesundheit eingebüßt hatte, mischte sich nun in die Angelegenheit ein und schrieb einen Brief im großen Stil der verzweifelten Liebe, würdig, kräftig und ergreifend. Es ist das würdigste Aktenstück in der Geschichte des Friedrichstädter Handels. Ich lasse hier den abgekürzten Inhalt folgen:

er Kommiſſar hat, im Auftrage des Gabriel de Roy, ein ſehr ſtrenges Mandat gegen meinen Mann erlaſſen; er ſoll innerhalb vierzehn Tagen bezahlen. Wollte de Roy auch nur vier Jahre Aufſchub bewilligen! Vielleicht beſſert ſich Friedrichſtadts Handel und reſtaurieren ſich die Finanzen meines lieben Mannes. Was hat van de Wedde nicht alles getan; und nun hat er hier im Lande ſein Gut und Blut verloren. Soll ein treuer Diener nun von jemand, der hier ſeinen Stein baute und ſein Stück Land hat, unter die Füße getreten werden? O laß doch Aufſchub gegeben werden, ſonſt müſſen wir von hier fortziehen. Wenn dem Herzog damit beſſer gedient iſt, muß es wohl geſchehen. Und ich erwarte von Gott, unſrem oberſten Herrn und Schöpfer, unſer Abenteuer zur Seligkeit.

Magdalena van der Duſſe,
1. März 1635. Hausfrau des Willem van Hoven.

So ſchrieb die tapfere Frau, die erſte Bürgerin Friedrichſtadts, die ſich, in der Kraft ihrer Liebe dazu bequemte, einem Fürſten eine Bittſchrift zu ſenden, aber einen zu ſtarren Nacken hatte, um ſich vor dem Herzog zu demütigen und ſogar verſäumte, ihren Brief in dem ſchmeichleriſchen Ton zu ſchreiben, mit dem man ſich ja vor Machthabern erniedrigt. Sie erwartete von Gott, ihrem oberſten Herrn und Schöpfer, "ihr Abenteuer zur Seligkeit".

Was ſollte der Brief helfen! Der Herzog mußte dem ſpaniſchen Beamten zu Willen ſein. Im Mai 1635 ſchrieb Quirinus Janſenius, daß er die Exekution nur verſchieben wolle, wenn van de Wedde eine beſtimmte Summe bezahlte. Es war ihm unmöglich, der Zuſammenbruch folgte.

Das Konkursverfahren machte der Pionierarbeit ein trübes Ende. Wir brauchen die ziemlich unklare Geſchichte der Liquidation nicht zu behandeln. Genug, daß alles verlauft wurde. Auch das Haus an der Ecke des Fürſtenburgwalls, das erſte der Stadt, wurde unter den Hammer gebracht, nachdem das Leben des erſten Bürgers gebrochen war.

Was hatte die Familie van de Wedde nicht alles erlebt! Wieviel Pläne hatte man entworfen; wieviel hohe Gäſte hatte man empfangen; wieviel Enttäuſchungen waren über ſie gekommen, bis endlich die ruinierten van de Weddes Haus und Stadt verließen.

Willem van Hoven, Heer van de Wedde, und ſeine edle Gemahlin hatten ihr Glück verloren, nicht nur durch Mißerfolg im Handel, ſondern auch durch bitteres Elternleid. In dem Jahre, in dem die Gläubiger zuerſt die Gebäude der Familie mit Beſchlag belegen wollten, konnte man an der Ecke des Burgwalls jeden Tag einen Bettler, einen armen Krüppel, antreffen, es war Johan Somer, ein Dithmarſcher. Er hatte im Jahre 1627 van de Weddes Sohn, Antonie van Hoven, der den Grundſtein unſerer Stadt legte, aus dem Eiderwaſſer retten wollen und hatte dazu von einem Hof an der Dithmarſcher Seite ein Ruder nehmen wollen, um mit einem Boot, in dem nur ein Ruder war, van de Weddes "ſehr teuren und geliebten Sohn und andre, die in der Eider ertranken", zu retten. Da hatte das Ungeheuer, dem der Hof gehörte, dem Retter ein paar Rippen eingeſchlagen und ſo verhindert, daß die verhaßten, jungen Holländer gerettet wurden. So hatte der arme Vater, der vormals ſo bange war vor den Androhungen der feindlichen Bewohner des Landes, es leiden müſſen, daß einer von ihnen, aus Feindſchaft gegen die Holländer, den Tod ſeines Sohnes verurſachte.

Wir hören von van de Wedde noch, daß er ein Oetroi erhielt für eine Salzſiederei auf Nordſtrand, der verkümmerten Inſel, die durch die Sturmflut des Jahres 1634 ihre Bedeichung verloren hatte und zum Teil verſchwunden war.

Auch damals hatte van de Wedde große Pläne, für die er ſich vom Herzog erbat, daß niemand während fünfundzwanzig Jahren ſie ausführen dürfe, mit Ausnahme ſeiner Familie.

Was ſein Schickſal weiter über ihn verhängte, habe ich nicht entdecken können.

Van Moersbergen war verdrängt; kurz nachher verließ Grevinchovius Friedrichstadt auf immer; er starb 1632 zu Hamburg. Van de Wedde hatte, als ein Geschlagener, seine Stadt verlassen; Johannes de Haen war schon lange gestorben. Von den in den Vordergrund tretenden Bürgern blieben noch Gualterus und Quirinus Jansenius übrig. Nur den Lebenslauf des letzteren müssen wir eingehender behandeln. Als van Moersbergen verzogen war und van de Weddes Ansprüche auf die Statthalterschaft zurückgewiesen waren, hatte man in sofern seinen Willen, als Friedrichstadt eine echt holländische Regentenstadt geworden war. Bald wurde das neue Recht eingeführt, aber was half das alles, so lange der Kommissar noch innerhalb der Tore Friedrichstadts war! Diese Gedanken beherrschten die Stadtväter und führten es allmählich immer mehr dahin, daß Quirinus Jansenius als der Feind betrachtet wurde, der ausgetrieben werden sollte. Es ist nach viel Mühe gelungen. Es muß aber, Ehrlichkeitshalber, dabei bemerkt werden, daß er doch auch die Rolle eines Sündenbocks spielte, der andrer Schuld trug. Es waren wunderliche Verhältnisse, in die er sich finden mußte und in denen er seine Autorität behaupten sollte. Wir hörten schon davon, wurden dann aber genötigt, Quirinus Jansenius in den Hintergrund treten zu lassen, um erst van Moersbergens und van de Weddes Fall zu behandeln. Jetzt kommen wir auf die genannten Verhältnisse zurück.

Es wurde fortwährend von den Friedrichstädter Kaufleuten und holländischen Seefahrern fraudiert. Man durfte nun einmal nicht anders, als durch force majeure getrieben in einen holländischen Hafen einlaufen; aber siehe, es schien wohl, als hätten sich alle forces majeures gegen den Kommissar und seine Regierung verschworen; zumal die Schiffe des widerspenstigen Kaufmanns Verdamm hatten eine Neigung, sich von einem fliegenden Sturm oder irgend einer andern Eventualität in die verbotenen Häfen treiben zu lassen. Besonders die Heringsschiffe wurden in dieser Beziehung von den Umständen gezwungen. Die Schiffskapitäne gaben dem armen Kommissar täglich Grund zum Ärgernis, und es war dem Mann wahrlich nicht zu verübeln, daß er die Geduld verlor, wenn er zum Beispiel herausfinden mußte, ob Gerrit Jansen von Amsterdam ihn zum Besten hielt oder ob er wirklich nicht herüberkommen konnte, weil seine Frau den ganzen Winter an einer schlimmen Lippe behandelt wurde. Mußte ihn das unbehagliche Gefühl nicht quälen, daß er an der Nase herumgeführt werde? Spanien blieb argwöhnisch und unzuverlässig; die Regierung zu Brüssel führte eine Politik, die nur den Dünkerker Kapern ein Gefühl der Sicherheit gab: sie wußten, daß sie ein mildes Urteil erwarten durften, wenn ihr Eifer gegen das verdächtige Friedrichstadt zu weit ging. Aus Mangel an Rekonziliationen verabreichte der Kommissar nur Pässe, gewöhnliche, geschlossene Briefe; die letzteren konnten einem jedoch verhängnisvoll werden, wie wir später erfahren werden.

Wehrlos fuhren Friedrichstadts Schiffe, die immer kleiner an Zahl wurden, auf der Nordsee, in Furcht vor den Seeteufeln von Dünkerken. Man war noch eben so weit, als in den Zeiten da van der Ley und Compostel in spanischen Kerkern schmachteten. Das Jahr 1627 hatte mit seinem Traktat keine Besserung gebracht. Eine kleine Blumenlese aus den Akten der dreißiger Jahre möge davon zeugen. Syrup Takesen ist, ungeachtet seiner Rekonziliation, (!!) von Kapitän Withoost ausgeplündert, gefangen genommen und nach Ostende geführt. Ein Schiffer von Verdam ist gefangen genommen und das Schiff ist konfisziert, weil er einen holländischen Hafen aufgesucht hatte. Drei Schiffskapitäne sind nach Dünkerken gebracht; einer von ihnen, derselbige, der durch die schlimme Lippe seiner Frau verhindert wurde, nach Friedrichstadt umzuziehen, war gefangen genommen, weil er veraltete Pässe hatte; ein Umstand, der, indirekt, natürlich auch von der verhängnisvollen Lippe abhing. Jacob Janß von Tatingen wurde von den Kapern gefangen genommen und verlor sein Schiff, weil in einem geschlossenen Brief, den er von Jansenius erhalten hatte, stand, daß er noch kein freier Bürger sei, da seine Frau nicht in Friedrichstadt wohne. Der Mann war jedoch nicht einmal Holländer, sondern ein geborener Eiderstedter.

Die Verluste auf dem Meere wurden durch die Bürgschaften und Bußen, die man in Friedrichstadt bezahlen mußte, erschwert. Man versteht, daß Quirinus Jansenius immer mehr gehaßt wurde. Man wollte ihn für überflüssig erklären; Verdam teilte dem Rat der Stadt mit, daß er ohne Pässe fahren wolle, wenn die Stadtregierung ihm eventuell Schabenersatz geben würde; aber damit konnte man nur sich selbst treffen, denn der herzogliche Paß galt den Dünkerkern nicht mehr.

Ein Teil der Bürger lebte in öffentlicher Feindschaft mit dem Kommissar; das erzürnte den Mann noch mehr und führte ihn, ebenso wie van Moersbergen, zu Taten, die alle Grenzen der Mäßigung überschritten und davon zeugten, daß auch er gelegentlich die Herrschaft über sich selbst verlor.

Davon spricht ein Verteidigungsmittel, das er in einer Auseinandersetzung gebrauchte, in der ihm von einem Stadtrat seine Falschheit mit dem Uriasbrief, den er van Tatingen mitgegeben hatte, vorgeworfen wurde. Bevor der Stadtvater wußte, was ihm passierte, troff er von Wein. Der Repräsentant von Spanien hatte ihm seinen gefüllten Pokal an den Kopf geschleudert.

Zwar kam es in Friedrichstadt öfter vor, daß man einander, mit Vernachlässigung aller diplomatischen Formen, auf den Leib rückte, aber Quirinus machte es zu bunt. Zu seiner Entschuldigung diene, daß er sein Unrecht nicht einsah; er fühlte sich verkannt, falsch verstanden und meinte, daß man ihn nicht hoch genug schätze. Wie könnten die Herren sich sonst erdreistet haben, einen Tisch, den er irgendwo als Pfand für schlechte Bezahlung mit Beschlag belegt hatte, aus seinem Hause, seinem privilegierten königlich spanischen Hause zu holen? Quirinus nannte die Herren kraft dieser Frechheit Schurken und Esel, die vergaßen, was er für die Stadt getan habe.

Kann man es den Herren Regenten jedoch verübeln, daß sie das königlich spanische Haus mit seinen Privilegien mitten in der holländischen Regentenstadt verwünschten? Wurde es nicht immer mehr zu einem spanischen Regierungsgebäude, in dem ein anmaßender spanischer Machthaber, dem Herzog und der Stadtregierung zum Trotz, Maßregeln ergriff, durch die die viel versprechende Heringsfischerei schon ganz vernichtet war und alle Kaufleute geschädigt wurden? Mußte man es sich selbst nicht zugeben, daß durch den Kommissar die spanische Freundschaft zum Verderben wurde, während im Vaterland die spanische Feindschaft der immer größer werdenden Blüte des holländischen Handels nicht schaden konnte? Man übersah, daß die eigne Lage von Anfang an nicht sauber gewesen war, weil man, Holländer im Herzen, durch Aussöhnung mit dem Erbfeind, sich selbst bereichern und ihn durch Scheinansiedelungen betrügen wollte. Man vergaß, daß Spanien, auf seinem Standpunkt mit Recht, selber durch unzuverlässige Politik den Handel unmöglich machte und man warf sich auf den Sünder im spanischen Haus, indem man seine vielen Übergriffe gegen ihn vorbrachte, um nicht nur den unzuverlässigen Jansenius, sondern auch den spanischen Kommissar, den lästigen Spion, los zu werden.

Anfang 1635 wurde das Verfahren gegen den Unbeliebten energisch betrieben. Man sandte eine Klage nach Gottorp, in der alle Beschwerden, die man gegen ihn hatte, in neun Punkten behandelt wurden. Wir brauchen sie nicht alle zu nennen, weil das Vorhergehende ihren Inhalt bestimmte, und nennen nur den 5. Punkt: „Die ganze Fahrt auf Spanien stockt."

Man hoffte, ohne Kommissar fertig zu werden und durch Vermittlung des Residenten Rodenburgh die Rekonziliationen von der Regierung zu Brüssel erhalten zu können.

Der Herzog hatte ein offenes Ohr für die Beschwerden Friedrichstadts und so begann die langwierige Korrespondenz zwischen Friedrichstadt, Gottorp und Rodenburgh, in der zumal die hervorragenden Briefe des letzteren hervortreten und den Prozeß beherrschen. Rodenburgh ist der Mann, der ihn zu einem guten Ende führt und mit fester Hand eingreift, wo Herzog und Stadt zaudern und sich von Quirinus Jansenius, der sich in dieser Sache als schlauer Mann zeigt, irre führen lassen.

Es wird in dieser Angelegenheit nur zu deutlich, daß in Friedrichstadt keine bedeutenden Männer die Führung haben, und es erregt auch Verwunderung, daß der Herzog keinen klaren Blick, keinen festen Willen in dieser Angelegenheit zeigt. Scheinbar hatte er das große Interesse an dem Handel mit Spanien verloren, weil alles so unglücklich verlief, und hatte seine Aufmerksamkeit hauptsächlich auf eine andre Unternehmung gerichtet, die ebenso großzügig war wie die Fahrt auf Spanien, nl. auf den Seidenhandel mit Persien. Weil dieses Projekt noch weniger Erfolg hatte als die andern Handelsunternehmungen und Friedrichstadt sich kaum an den vorbereitenden Maßregeln beteiligte, obschon es selber der Stapelplatz für die persische

Seide werden sollte, genügt es, die Gesandtschaft nach Persien, die vom Jahre 1633 bis 1637 unterwegs war, zu erwähnen. Im weiteren Verlauf werden wir den persischen Handel kaum nennen. Es war nur eine Luftspiegelung in der Unglücksgeschichte der ersten Lebensperiode Friedrichstadts.

Rodenburghs Korrespondenz über das Verfahren gegen Jansenius fängt Oktober 1635 an und sie ist fortan die treibende Kraft. Allererst rückt der Resident ins Licht, daß Jansenius sich des Machtmißbrauchs schuldig gemacht habe. Nun sei es die rechte Zeit, die Sache tüchtig anzufassen, denn Spanien, das nur in Zeiten der Not vernünftig mit sich reden lasse, sei durch den Krieg mit Frankreich in Verlegenheit gebracht. Die deutschen Häfen könnten jetzt gute Dienste leisten, weil Spanien darauf angewiesen sei.

Es konnte recht günstig genannt werden, daß man in verschiedenen Hafenstädten auch sehr verstimmt war über Jansenius' Vorgesetzten, Gabriel de Roy, der ebenso „violente und ungerechte" Handlungen mit Pässen auf seinem Gewissen hatte. Danzig, Lübeck, Hamburg und Bremen protestierten. Graf Schönenburch, der für die deutsche Schiffahrt eintrat, konnte nun auch ein gutes Wort für Friedrichstadt einlegen. Aber eine noch größere Stimme ließ sich hören. Kaiser Ferdinand erließ einen scharfen Protest gegen das tyrannische Eingreifen des de Roy, über den die Hanseaten sich bei ihm beklagt hatten. Er trat, als ihr Protektor, für die hanseatischen Bürgerrechte ein und ließ seinen Gesandten darauf hinweisen, daß die Zertifikate der spanischen Kommissare überhaupt nicht notwendig seien, weil die Schiffe in den Städten, für die sie bestimmt waren, untersucht werden könnten und zwar von treueren Dienern des Königs als es die Piraten von Dünkerken seien. Was sollte man Schiffen, die für Spanien bestimmt waren, Pässe für Kaper mitgeben?

Mit der allgemeinen Bewegung gegen die Kommissare als Stütze begab Rodenburgh sich zur Audienz beim Prinz-Kardinal in Brüssel und er fand dort so viel Entgegenkommen, daß er in einem folgenden Briefe die Zurückrufung des Kommissars in Aussicht zu stellen wagte. Er sollte nach Brüssel zur Verantwortung gerufen werden und dann nie wiederkommen.

Dies alles geschah natürlich hinter dem Rücken des nichts Böses ahnenden Jansenius. Rodenburgh empfahl dem Herzog denn auch, beim Abschied dem Kommissar ein freundliches Gesicht zu zeigen. Es war alles ein bißchen übereilt, denn die Sache wurde ein wenig in die Länge gezogen. Das erste Hindernis war eine Krankheit des Prinz-Kardinals, sehr richtig notiert der Resident beim Bericht über die Krankheit: „Es soll eure Hoheit nicht wunder nehmen, daß die Sache langsam weiter kommt, denn das ist die alte Art am Hofe."

Die zweite Verzögerung entstand durch die Tatsache, daß man den Kommissar nicht wegsenden wollte, ohne die Ansicht des Königs darüber zu kennen; alle Akten über die Fehlgriffe und Machtmißbräuche des Kommissars wurden nach Madrid gesandt.

Endlich wurden die Akten dem Ratsherren Jannius übergeben, damit er Bericht erstatte.

Leider stellte sich die dritte Verzögerung ein. Das Haus des Berichterstatters wurde von einer ansteckenden Krankheit heimgesucht. Nun durften die Akten das Haus nicht verlassen und der Ratsherr die Versammlungen des höchsten Rats nicht besuchen. Das Übel kroch weiter. „Die ansteckende Krankheit, Gott bessere es, hat nun zwei Häuser von Ratsherren verseucht; es werden keine Versammlungen abgehalten." Zur Abwechslung machte Rodenburgh eine gefährliche Reise, um den Prinz-Kardinal auf dem Kriegsgebiet zu besuchen; es handelte sich um ein Schiff, das die Dünkerker gekapert hatten. Zwar hatte er keinen Erfolg, aber er brachte die Zusicherung des Kardinals, der sehr freundlich war, mit, daß Spanien mit dem Herzog gute Beziehungen unterhalten wolle und dem Kontrakte gemäß zu handeln wünsche. „Die Handlungen der Offiziere und Freunde Seiner Majestät sind damit überhaupt nicht zu vereinen", bemerkte der Resident. Während Rodenburgh sich so beeiferte, die furchtbar träge, spanische Regierungsmaschine zu schnellerer Arbeit zu bewegen, und die Akten mit vernichtendem Beweismaterial beim König gewesen waren, und alles nur noch durch jene leidige Seuche in die Länge gezogen wurde, schneidet Stadtsekretär Gualterus zu Friedrichstadt seine geschmeidige Feder zum Schreiben eines Briefes, in dem er, schnörkelhaft und wortreich wie gewöhnlich, den Herzog im Namen des

Rates der Stadt bittet, vorläufig nicht mehr auf die Entfernung des Kommissars zu drängen!

Was war geschehen? Jansenius hatte Gefahr gewittert, und es war ihm gelungen, die Herren Regenten durch allerlei Vorspiegelungen wieder für sich zu gewinnen, sodaß man ihn endlich bat, noch einmal nach Brüssel zu gehen, um dort mit dem Residenten die Angelegenheiten befriedigend zu regeln. Ein Brief des Gualterus an Rodenburgh bringt den eifrigen Residenten außer sich, aber seine zornige Verwunderung steigt zu bitterer Empörung, als er einen Brief vom Herzog empfängt, in dem dieser ihn bittet, mit dem Kommissar zu überlegen, wie die freie Fahrt nach Spanien zu regeln sei. Es hatte wahrlich mehr von Schuljungendiplomatie als von ernstem, männlichem Wollen an sich. Flink und ohne Umwege schreibt Rodenburgh seine Meinung: Der Herzog behaupte, bange zu sein, daß doch wieder ein Kommissar kommen werde; das könne jedoch nur allein, wenn der Herzog es wolle, geschehen. Der Kommissar wäre nie gekommen, wenn der Herzog ihn sich nicht vom Pater Jansenius hätte aufdrängen lassen. Man habe einen Vorteil darin gesehen, aber der Mann werde der Untergang von Friedrichstadts Handel und Schifffahrt sein, zum Teil durch seine Übergriffe, jedoch auch deshalb, weil die Autorität des Herzogs darunter leide und die Bürger und Stadtregierung dadurch einen schlechten Namen bekomme. Denn die See- und Bürgerschaftspässe des Herzogs würden nur dann anerkannt, wenn der Kommissar sie bescheinigt und unterschrieben habe. Was dessen Sendung nach Friedrichstadt anginge: Jansenius wolle dadurch nur sein Ansehen in Friedrichstadt größer machen, damit er noch anmaßender auftreten könne. Was solle er in Brüssel gutes tun?! Beim obersten Rat habe er kein Vertrauen und der Prinz-Kardinal habe nie ein Wort mit ihm gewechselt. Und dann: wie habe man über ihn geschrieben! Seien nicht alle Stücke an die Regierung gesandt? Und nun solle dieser Angeklagte mit Vollmacht kommen und mit Rodenburgh unterhandeln? Es sei Quirinus Jansenius nur darum zu tun, auf Kosten des Herzogs nach Brüssel zu kommen und da sein Honorar in Empfang zu nehmen. Es würde ihm nicht einfallen, seine Vollmacht vorzuzeigen und darzutun, daß er sich, als Diener des spanischen Königs, vom Herzog habe autorisieren lassen.

Im folgenden Briefe wird mitgeteilt, daß Fannius selber nun auch von der Seuche ergriffen sei und daß die Sache nun wohl wieder um drei Monate verschleppt sei. Das paßte Rodenburgh recht gut, weil er nun wenigstens ruhig über die Reise des Jansenius korrespondieren konnte. Die Angelegenheit verzögere sich selbst, schreibt er, aber der Resident verstehe nicht, wie der gute Name des Herzogs es leiden könne, daß Jansenius mit Vollmacht komme. Sollte es aber so sein, dann beeile man sich, denn im März ziehe der Prinz-Kardinal wieder zum Kriegsschauplatz und dann werde die Sache bestimmt wieder um ein Jahr verzögert, weil alles dann wieder über Madrid gehen müsse.

Wie schändlich oberflächlich und dumm die Angelegenheit in Friedrichstadt aufgesetzt wurde, geht aus einem Briefe des Gualterus hervor, in dem er, in seinem schnörkeligen lateinischen Stil über die, man beachte es wohl, noch unbekannten Pläne des Jansenius schreibt, „Pläne, deren sich der Held rühmt und von denen er sagt, daß er schon lange mit ihnen schwanger geht. Bei Lucina, so gebiert man Reichtum. Schon ist die Stunde nahe, in der wir die Hebamme holen müssen! — Mensch, was soll endlich daraus geboren werden? Aber wir sehen es schon in der Geburt und wir richten unser Urteil weder nach dieser noch nach jener Seite."

Welch einen Gegensatz bildet diese geschwätzige Schreiberei des Stadtsekretärs, die uns deutlich erkennen läßt, wie man sich mit großen Worten verführen ließ, gegen die sachlichen Berichte des Rodenburgh! Und wahrlich, der Herzog, der solch eine Stadtregierung nur gewähren ließ und ihre törichten Maßregeln bestätigte, sticht auch gegen den klugen, ruhigen Sinn des Residenten zu Brüssel ab.

„Laß den Kommissar doch nicht mit Vollmacht kommen!" schreibt er, „Fannius hat gesagt, daß es ihm übel ergehen werde, weil er ein ganz ungehöriges Betragen in den schlechten Handlungen des Kommissars sehe. Er wird bei seiner Ankunft arretiert werden; der Herzog blamiere sich nicht!"

Es ist unserem Residenten eine wahre Erleichterung, als Ratsherr Fannius endlich das Zeitliche segnet. Nun kann er entweder die Sache beschleunigen oder Jansenius weiter schweigen; der einzige Mann, der über die Sache orientiert war, ist tot, und vorläufig liegen die Akten sicher im verseuchten Haus. Muß der Kommissar nun doch kommen, dann verspreche man ihm, in Friedens Namen, ein gutes Honorar und gebe ihm Vollmacht.

Aber nun hatte Rodenburgh sich verrechnet; er bemühte sich vergebens, die Prozeßakten wieder zu bekommen, als das Haus des Jannius desinfiziert war und mußte hören, daß der höchste Rat beabsichtige, ihn zu strafen. Schnell schreibt er, daß der Kommissar unmöglich mit Vollmacht kommen könne und daß man ihn nur in Privatangelegenheiten abreisen lassen dürfe. Wolle er nicht, dann berichte man es dem Residenten, er wolle dann wohl dafür sorgen, daß er nach Brüssel gerufen werde. Was nun die endlich bekannt gewordenen Pläne des Jansenius betrifft: Rodenburgh schreibt darüber, es sei ihm deutlich geworden, daß der Kommissar den König von Dänemark und den Herzog begünstigt sehen wolle; der Herzog solle jedoch bedenken, daß der König niemals bevorzugt werden könne; man schätze den Herzog hoch und habe ihm den Kontrakt des Jahres 1627 gegeben, um sein Land zu bevorzugen, weil der Herzog dem Hause Österreich gut gesinnt sei und den Katholiken Religionsfreiheit gewährt habe. Der König von Dänemark sei kein Freund Österreichs und gegen die katholische Religion. Aber alles wohl erwägend, müsse man feststellen, daß die Pläne des Kommissars sich kaum vom Traktat unterscheiden. Der werde zum Teile noch aufrecht erhalten. Nur um die Rekonziliationen sei es schlimm bestellt. Alles werde aber bald so geregelt werden, daß Friedrichstadt nichts mehr mit dem Kommissar zu schaffen habe.

Endlich kam der Herzog zur Besinnung: schrieb, daß er schließlich nichts dagegen habe, wenn der Prozeß seinen Lauf nehme. —

Noch einmal muß Rodenburgh dann doch noch hören, daß der Kommissar wahrscheinlich dennoch mit Vollmacht komme, dann schreibt er aber einen so sehr gepfefferten Brief, daß der zaghafte Herzog auf immer mit Jansenius bricht. Er sagt ihm das jedoch nicht. Es ist fast zum Lachen, daß die frechen Dünkerker Kaper indessen ihre Räubereien nicht einstellen, ja sogar ein holländisches Schiff in der Nähe von Friedrichstadt, auf der Eider, kaperten.

Auch der Kommissar sorgte für Galgenhumor. Weil er reisen mußte, nötigte er die Schiffer jetzt, Pässe für ein ganzes Jahr zu nehmen und sie doppelt zu bezahlen. Es sei ja möglich, daß er nicht so schnell wiederkomme. Einen anderen komischen Teil der Bemühungen des Jansenius bildet eine Hirschgeschichte, die einen merkwürdigen Einblick in die höhere Handelspolitik zwischen Schleswig-Holstein und Brüssel gewährt.

Der Kommissar hatte, als sein Bruder noch lebte, mit diesem menschenkundigen Vater einen schönen Plan bedacht. Der Prinz-Kardinal möchte so gerne einen Trupp Hirsche für seinen Park in Brüssel haben; welch einen heilsamen Einfluß würde es nicht auf die Unterhandlungen ausüben, wenn der Herzog sie schenkte! In einem Brief an den Fürsten spricht Jansenius ausführlich über die politische Bedeutung dieses Wildes; er selber wolle sie mitbringen, wenn er nach Brüssel komme, damit der Erfolg ihm nicht entgehe. Es war schon sehr lange die Rede von den Hirschen. Nun meinte er, daß es Zeit werde, nicht länger zu warten. Man könne die Verzögerung, besonders gegenüber solchen Herren, deren Gunst man für Friedrichstadt so nötig habe, nicht länger rechtfertigen! Jansenius meinte, ohne die Hirsche nichts Ersprießliches in Brüssel verrichten zu können.

Die Tiere wurden versandt; sie sollten Jansenius jedoch bei seinem Einzug in Brüssel nicht begleiten.

Anfang 1638 konnte Rodenburgh endlich berichten, daß die Herrlichkeit des Kommissars vorbei sei. Man wollte ihn nur entbieten, um Bericht zu erstatten. Alles war vollkommen geheim gehalten; seine Gattin, die in Brüssel war, vermutete selber nicht, daß er vor dem Gericht zu erscheinen habe, weil man meinte, daß er Friedrichstadt ruiniert habe. Seine Frau sollte bald mit einer Geldsumme nach Friedrichstadt kommen, das hatte Rodenburgh bewirkt, damit er seine Schulden bezahlen könne. Weil es jedoch kaum zu erwarten war, daß er das Geld dazu freiwillig verwenden werde, riet der Resident dazu, einen Prozeß gegen Jansenius anzustrengen, wie man es gegenüber andern auch tat.

Wenn der Herzog die Hirsche senden wolle, solle er es vor allem nicht durch den Kommissar tun, weil das dem guten Namen des Herzogs schaden würde.

Quirinus Jansenius empfing bald darauf ein Schreiben folgenden Inhalts: „Weil es notwendig ist zum Dienste seiner Majestät, daß Sie hierher kommen, so dient dieses, um Ihnen solches zu befehlen, auf daß es, so bald wie möglich, geschehe, damit Sie über die Verhältnisse in Friedrichstadt rapportieren." Kurz darauf folgte der Bericht: Der Kommissar ist in Brüssel angekommen und behauptet, daß alles Verleumdung sei und daß er sich rein zu waschen wisse.

So war Friedrichstadt von seinem Kommissar befreit. Gualterus und die Seinigen jauchzten, weil „spaniolisatus ille" zur Seite geschoben war. Aber die arme Stadt hatte damit nicht viel gewonnen, ungeachtet all seiner Begabungen und Talente brachte Rodenburgh es in Brüssel nur zu einem unfruchtbaren Resultat und nie kam der spanische Handel zur Blüte. Die Archivdossiers schweigen sogar über eine endgültige Revision des Handelskontrakts.

Doch mit den Hirschen hatte der Herzog einen Riesenerfolg. Wir können das kostbaren Wild, mit dem Friedrichstadts Schicksal so eng verknüpft war, auf seiner Reise über Amsterdam und Antwerpen, die es zu Schiff machte, folgen und wir wissen alles von dem Empfang in Brüssel. Der Oberjägermeister brachte die Hirsche; wie sehr wurde der Mann gefeiert. Wie glänzend beschreibt Rodenburgh die außerordentliche Audienz, sogar die Antichambre des Prinz-Kardinals, wo der Oberjägermeister wartete, die Diners zu Ehren des Gastes, die freundlichen Worte, die der Prinz-Kardinal beim Empfang und General Piccolomini beim Diner an den Abgesandten des Herzogs richteten!

Und dann die Jagd in den Wäldern, zu denen im Nu die spanischen Granden, die Mitglieder des obersten Rats, die Mitglieder des Corps Diplomatique, Beamte und Hofoffiziere zusammengebracht waren, als ginge in Brüssels Regierungskreisen immer alles flott von statten. Und dann die Hofequipage, die dem Oberjägermeister während seines Aufenthalts zur Verfügung gestellt wurde. Einige Tage freute sich der Abgesandte über die Ehrenbeweise, die ihm dargebracht wurden. Aber dann wurde es höchste Zeit abzureisen, denn Ritter Rodenburgh hatte schon eine bedeutende Summe geliehen, weil das Geld des herzoglichen Dieners bald zusammengeschmolzen war. Wir lesen die nüchternen Zahlen, die den Gottorpschen Schatzmeister wohl beängstigt haben, in Rodenburghs Beschreibung von den schönen Tagen in Brüssel.

So beeiferte man sich für den Herzog, als die Hirsche ihr „glorieuse entrée" in den Park des Prinz-Kardinals hielten. Es brachte dem Herzog viel Ehre, es kostete ihm viel Geld und es verschaffte ihm keinen Erfolg.

Der Prozeß gegen Jansenius dauerte lange und verzögerte die Unterhandlungen über den neuen Kontrakt. Der Kommissar schnob Feuer und Flamme gegen Friedrichstadt und Rodenburgh, und das gab Gualterus Veranlassung, sich gegenüber dem Herzog in ungenierten Briefen zu äußern, in einer Weise, die das Studium des Prozesses recht unterhaltend macht. Ein Brief schließt: „Seien Sie gegrüßt und verachten Sie mit uns mutig die Bisse jenes Sykophanten." In einem andren Schreiben erzählt er, daß er einen lateinischen Brief nach Brüssel geschrieben habe, der vom obersten Rat sehr gelobt worden sei. „Ich kann nicht unterlassen, I. H. G. einen Auszug aus einem Schreiben des Herrn Rodenburgh hinzuzufügen; er lautet: Ihren lateinischen Brief habe ich dem supremen Rat mitgeteilt; sein Stil wurde sehr gepriesen. Er wurde dem Kommissar vorgelesen, der kaum wußte, was darauf zu sagen, und nur behauptete, daß es Gehässigkeit und Bosheit sei und daß er sich von allem rein waschen und die Bösewichter von Friedrichstadt zu Lügnern machen werde. Jedoch werden die Briefe unseres Fürsten ihn in Verlegenheit bringen. „Sind wir Friedrichstädter nicht glücklich, daß wir von solch einem braven, spaniolisierten Lump mit solchen Ehrentiteln gekrönt werden?" schreibt Gualterus.

Von spanischer Seite hatte man sich darüber verwundert, daß der Herzog nie persönlich über die Sache geschrieben hatte, und man hatte gewünscht, von ihm etwas zu hören, weil Jansenius sich immer auf die Freundschaft des Herzogs berief. Der obengenannte Brief gab dem Prinz-Kardinal von Seiten des Herzogs eine Übersicht von den Schandtaten des Kommissars und schloß mit der Bitte, Jansenius keinen Glauben zu schenken und Rodenburgh zu vertrauen. Das Archiv enthält weiter noch breit ausgearbeitete Beschuldigungsakten gegen den Kommissar und einige andere Stücke von weniger Interesse. Jedoch gibt es keine Auskunft über die Strafe, die Quirinus Jansenius auferlegt werden sollte.

Rodenburgh tat sein Möglichstes, die Angelegenheit schnell zu regeln, und drängte auf kräftiges und schnelles Auftreten des Rates in Friedrichstadt, weil er meinte, daß er für die Rekonziliationen nichts ausrichten könne, es sei denn, daß man den Kommissar überführen könne.

Ob es ihm gelungen ist, eine Regelung der Verleihung der Rekonziliationen zu erlangen? Auch darüber finden wir keine Mitteilung. Wohl geht aus den Akten des Jahres 1639 hervor, daß man Vorschläge zu einem neuen Traktat einreichte. Kurz darauf klagte Rodenburgh jedoch, daß es am Hof alles wieder so langsam gehe. Der Präsident des obersten Rats gebe in allem den Ausschlag und der Prinz-Kardinal habe keine souveräne Autorität. So sei die Macht in Händen der hohen Beamten. Es sei ein „quälender Hof." An andren Höfen erreiche man mehr in einem Monat, als hier in einem Jahr. Unter Isabella sei es besser gewesen, sie habe mehr zu sagen gehabt.

Im Jahre 1640 berichtet Rodenburgh, daß ein Beamter ihm sehr geholfen habe und dieser nun auf eine Belohnung rechne. Rodenburgh habe das nicht berichten wollen, bevor er die Sache zu einem guten Ende geführt habe; jetzt mußte er wohl, denn der Enttäuschte läßt es in der letzten Zeit an Hülfe fehlen, und der neue Traktat mußte durch seine Hände gehen. „La chiave d'oro apre ogni porta", „der goldene Schlüssel öffnet jede Tür", zitiert der Resident.

Jedoch sehen wir ihn im Oktober 1640 noch vor der geschlossenen Tür stehen.

Dann wird im Jahre 1642 noch einmal anempfohlen, einigen Bürgern Rekonziliationen zu geben. Weiter lesen wir nichts mehr von ihnen und auch nichts von einem neuen Handelskontrakt. Die Sache ist wohl in die Länge gezogen, bis sie keine Bedeutung mehr hatte.

Die letzte Notiz aus den Dokumenten über den spanischen Handel ist aus einem Brief von Francisco de Milto an den Herzog, in dem er freundlich zusagt, das gute Verhältnis zwischen Spanien und dem Herzog aufrecht erhalten zu wollen.

Friedrichstadt hatte seinen Handel mit Spanien mißlingen sehen. Sechs Jahre später hatte man keine Rekonziliationen mehr nötig, weil der Friede zwischen Holland und Spanien geschlossen war. Damit war für Friedrichstadt die Chance, mit holländischen Kräften etwas Großes zu erreichen, auf immer vorbei.

Schon lange waren die besten Einwohner nach Holland zurückgezogen. Die mildere Stimmung gegenüber den Remonstranten nach dem Tode des Moritz; die Wasser- und Kriegsgefahren in Friedrichstadt; der Mangel an Takt, den der Statthalter bewies, und die Enttäuschung in Bezug auf den Seehandel hatten sie nach dem Vaterlande zurückgetrieben. Viele derjenigen, die geblieben waren, hatten ihr Kapital zusammenschmelzen sehen, die städtischen Finanzen waren in traurigem Zustande. Friedrichstadt hatte keine Spannkraft mehr. Kennzeichnend ist es, daß man in den späteren Zeiten den Stadtsekretär so sehr in den Vordergrund treten sah. Er war ein verdienstvoller Mann in seiner Art; er war sogar mit Erfolg über sein Gebiet hinausgegangen durch das Zusammenstellen des Friedrichstädter Rechts, das ich nicht beurteilen kann, das jedoch ein brauchbares Gesetzbuch gewesen sein muß. Aber als tonangebender Führer in den verwickelten schwierigen Verhältnissen der notleidenden Stadt war er eine ärmliche Figur. Friedrichstadt hatte keine Bürger mehr, die großen Unternehmungen und schwierigen Aufgaben gewachsen waren.

Es war ein kleines Städtchen mit kleinen Verhältnissen geworden und das sollte es bleiben. Dennoch sollte es Zeiten von nicht unbedeutender Blüte kennen lernen und noch lange sollte es die charakteristische holländische Stadt an der Eider bleiben, die als religiöse Freistadt eine Merkwürdigkeit und manchem ein Zufluchtsort sein sollte. Die weitere Geschichte der holländischen Stadt in Schleswig liegt aber außerhalb des Rahmens unsrer Abhandlung; wir wollten nur die erste Periode behandeln, in der die Stadt vergebens danach strebte, mit holländischen Kräften, auf Hollands Kosten, sich einen bedeutenden Platz in der internationalen Handelswelt zu erobern.

eim Rückblick auf die ersten dreißig Lebens=
jahre der holländischen Kolonie müssen
wir der außerordentlich großen Energie
vieler Beteiligten ein Wort der Bewun=
derung zollen. Besonders sind es Friedrich III. und
Willem van Hoven, Heer van de Wedde, die uns
durch ihren Unternehmungsgeist und ihr Ringen
mit Friedrichstadts Schicksal Respekt einflößen.

Aber es erregt doch auch Verwunderung, daß
sie das Mißlingen ihrer Pläne nicht als eine unent=
rinnbare Fatalität vorhergesehen haben. Es war
nicht zu erwarten, daß Hollands Handelsstand so
viele Männer und so viele Kapitalien von Bedeu=
tung liefern würde, daß in dem kleinen, machtlosen
Schleswig=Holstein eine blühende Stadt entstehen
könnte. Wenn die remonstrantischen Kapitalisten
in ihrem Lande zum Tode verfolgt worden wären,
wie die portugiesischen Juden und später die Huge=
notten, dann hätten gewiß viel mehr Leute an
Auswanderung gedacht; in diesem Falle kamen fast
nur diejenigen, die durch die religiös=politische Um=
wälzung unmöglich geworden waren, ausgewiesene
Regenten und Pastoren und weiter vereinzelte
Glücksritter. Weil ihnen auch anderswo, in Orten
mit schon geordneten Zuständen und gefestigtem
Handel, die Tür geöffnet wurde, lag es auf der
Hand, daß nicht alle sich auf Friedrichstadt konzen=
trierten. Die Führer der Brüderschaft haben das
eingesehen. Die Holländer, die an Auswanderung
dachten, berechneten ihre Chancen, und wenn sie
vorsichtig waren, mußte das in den meisten Fällen
zum Nachteile Friedrichstadts ausfallen.

Nur wenn Spanien sich ganz nach dem Her=
zog und van de Wedde gerichtet hätte, wäre es
anders gekommen. Aber es war im Grunde
genommen naiv, zu denken, daß die argwöhnischen,
auf Holland verbissenen spanischen Diplomaten
das Spiel, das von Seiten der niederländischen
Rebellen gespielt werden sollte, nicht durchschaut
hätten und ahnungslos in die Falle gegangen
wären.

Das alles ist einem gewöhnlichen Beurteiler
heute deutlich, aber außerordentliche Persönlichkeiten
haben es zuvor vermutet. Leider gehörten der
Herzog und sein Pionier nicht zu diesen Männern
mit scharfem Blick. Sonst hätten sie wahrscheinlich
auf den Bau der Stadt verzichtet. Da sie gleichwohl
den Bau unternahmen, konnte es wohl nicht anders
sein, als daß die große Handelsstadt ihrer Träume
nicht mehr wurde als ein kleines Landstädtchen mit
einer interessanten, aber unglücklichen Jugend.

Friedrichstadt a. d. Eider,
November 1912.

F. Pont.

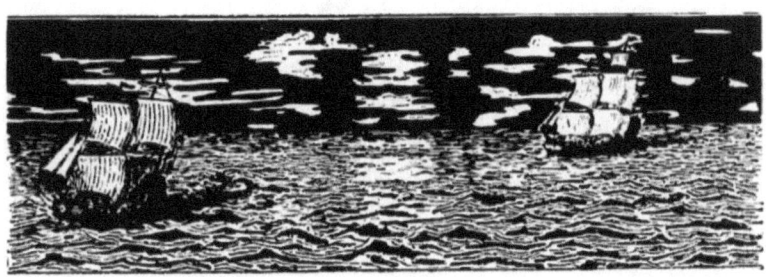

Beilage 1.

Tönning mit dem herzoglichen Schloß.

„Während des Baues der ersten Häuser (Friedrichstadt) hielten die Remonstranten auf dem Schlosse zu Tönning Gottesdienste ab. Johan de Haen, der frühere Pensionar von Poarrien, der nachher zum herzoglichen Rat ernannt wurde und einige andere Niederländer hatten vom Herzog Erlaubnis bekommen, da zu wohnen." Brandt, Geschichte der Reformation.

Zu den „andern Niederländern" gehörte Prof. Dr. Conradus Vorstius, den der Herzog als Theologen in seinen Dienst genommen hatte und dem er die Aufsicht über Kirchen- und Schulsachen in Friedrichstadt anvertraute. Vorstius starb jedoch schon im Jahre 1622 und wurde zu Friedrichstadt, an Ort, wo man später die Kirche baute, in einer ausgemauerten Grabstätte beerdigt.

Beilage 2.

Zum Octroi.

m 27. September 1619 unterschrieb Friedrich III. das erste Octroi „auf Bitte und zum Dienste der Bekenner der remonstrantisch-reformierten Religion, damit sie einen sicheren Wohnort mit freiem Gebrauch ihrer Religion haben an einem bestimmten Orte, in einer, von ihnen zu erbauenden, neuen Stadt."

Am 17. November des Jahres 1619 wurde das Octroi erweitert.

Die beiden Erlasse wurden in holländischer Sprache gedruckt und man fügte ein Begleitschreiben hinzu, das für die Geschichte der Gründung und der Kenntnis der damaligen Verhältnisse im Lande des Herzogs von großem Interesse ist.

Es befindet sich ein Exemplar dieser wichtigen Publikation im Archiv der remonstrantisch-reformierten Gemeinde in Friedrichstadt. Am 20. Oktober des Jahres 1620 wurde ein neues, umgearbeitetes und noch günstigeres Octroi erlassen, weil man mit dem ersteren wenig Erfolg gehabt hatte.

Dieses Octroi des Jahres 1620, das im Corpus Statutorum Slesvicensium aufgenommen ist, möge in dieser Beilage einen Platz finden.

Der Herzog verlieh im Jahre 1640 eine Verlängerung des Octrois und zwar auf fünfundzwanzig Jahre. Christian Albrecht verlängerte es am 12. Februar 1662; desgleichen König Christian V. 1685. Später wurde es von den zur Regierung kommenden Fürsten immer bestätigt.

Es folgt hier das Octroi vom Jahre 1620.

Herzogs Friderich Octroy wegen Aufbauung der Stadt Friederichstadt.

d. d. Gottorff, den 21sten October 1620.

Wir, Friderich, von Gottes Gnaden, Erbe zu Norwegen, Herzog zu Schleswig, Holstein, Stormarn und der Dithmarschen, Graf zu Oldenburg und Delmenhorst ꝛc. Thun kund hiemit: Demnach Wir geneigt seyn, Unsere, von dem allmächtigen Gott, Uns verliehene Fürstenthümer und Landen zur Wohlfahrt und geschwinden Zunehmen zu bringen, und durch ehrliche Mittel des Handels und commercii zu vermehren; und vor Uns etliche glaubhafte Personen erschienen, Uns zu vernehmen gebende, daß viele, der Remonstrantischen Confession zugethane Personen geneigt sind, andere Wohnungen zu suchen, und sich auch wol in Unsern Fürstenthumern und Gebiet sollten wollen begeben, um sich häuslich niederzulassen, ihre Religion in Freyheit zu beleben, und ihre negotia und Handel zu treiben, dafern Wir dieselben mit gebührlichen und verlangten Privilegien und Freyheiten versehen und begünstigen würden. So ist, daß Wir nach reiflicher Erwägung derselben Sachen, und Unserer Rathe darüber vernommenen Bericht, bewegt geworden seyn zu consentiren. Consentiren und vergönnen hiemit, allen solchen Personen, welche ihre Wohnungen sollen wollen nehmen, um ihren Gottesdienst in Freyheit zu beleben, sicheren Distrikt zur Wohnung an dem Eyderstrom, da und rund herum den dreyen Schleusen oder der neuen Fähr, um alda eine neue Stadt fundiren und bauen, ihren Handel und Nahrung, ohne jemandes Verhinderung treiben zu mögen, und zwar unter solchen Conditionen und Freyheiten, als folgen: 1) Erstlich sollen die von der Remonstrantischen geseformirten Religion, die Regierung und Gouvernement in ihrer vorgemeldten Stadt haben, und danebst das freye und unbehinderte publicum exercitium ihrer Religion, doch daß sie sich damit vergnüget halten, und in keinen andern Orten oder Städten in Unserm Gebiet predigen, sich still und ehrbar tragende, auf Strafe unserer Ungnade, und soll auch in dieser Stadt, den augsburgischen Confessionisten das exercitium ihrer Religion vergönnet werden. 2) Und damit die Sachen der Regierung im Anfang und allezeit, mit wenigster Confusion und meistem Begnügen der Eingesessenen gehen mögen, so wollen Wir zu der Einwohner meisten Dienst, vor das erstemal 3 der qualificirtesten und frommesten Personen zu Anfängern oder Einwohnern eligiren, zu welchem Ende Wir zum erstenmal sollen committiren, einen Unserer Räthe, der sich von 7, nach seinem Gutbefinden vornehmsten Personen soll informiren lassen, um von jeglichem in specie ihr advis zu haben, welche deren Personen man darzu zu erheben würdig halte, nach welchen mehreren advis Wir dieser Election anstellen sollen; welche dreyen Personen auf vorgemeldte Manier von Uns darzu erwählet seyn, sollen mögen ja sich wählen drey andere, und solche sechs noch drey andere, welche neun Rathspersonen oder Magistrat der Stadt, so sie ,es gut befinden, nach Gelegenheit und Auswachs der Einwohner noch mehrere zu sich wählen mögen. 3) Welche vorgemeldte Rathspersonen jährlich in doppelter Anzahl (jedoch daß außwenigste in jedem collegio einer vom vorigen Jahre bleibe) zu Unserer Election Bürgermeister und Rath ernennen sollen. 4) Und sollen Wir aus der Niederländischen Nation bestellen, einen Stathalter*), welcher mit Bürgermeister in Stadt-

---

*) Die bey Erbauung der Stadt angeordnete Provisional-Regierung eines Stathalters und einiger Assessoren, hat nach Verichtung eines Magistrats gänzlichen aufgehöret. Es sind daher alle, in dieser Octroi enthaltenen auf den Stathalter in der Stadt Friedrichstadt sich beziehende Vorschriften itzt nicht mehr gültig.

Sachen (auch so es für nöthig erachtet wird, in kirchlichen Sachen) präsidiren soll, und von der Gemeine ehrlich tractiret werden. 5) Die andern Officire aber sollen von dem Statthalter und Bürgermeistern bestellet werden. 6) Von allen Urtheilen und Sententien in Civil-Sachen von dem Rath gesprochen, soll an den Statthalter und einige, von Uns eines Theils, und andern Theils von denen Regenten dazu zu committirende Assessores, und so sich sodann noch jemand ferner beschweret findet, für das letztemal an Uns geoppelliret werden. 7) Belangend die Jurisdiction der Stadt, wie weit sich dieselbe erstrecken soll,*) dazu sollen Wir, so bald der Anfang gemachet worden, oder kurz dornach, Commissiarien verordnen, um den Augenschein zu nehmen, wie weit man dieselbe, so fern thunlich und leidlich, solle mögen zustehen, worauf Wir Uns dann gnädiglich erklären werden, und soll über alle Criminal-Sachen, die innerhalb derselben begangen werden, der Rath dieser Stadt in Gegenwart des Statthalters erkennen und judiciren. 8) Auch sollen die Eingesessene der vorgemeldten Stadt oder erstere Bebauer der Gründe jährlich an Pacht bezahlen an Uns oder Unsere Committirte eingangs nach Verlauf zweyer Jahre, nach Fundation der Stadt, als folgt. 9) Für den ersten Grund von 16 Fuß breit 15 Ruthen lang, die ersten 6 darauf folgende Jahre Sechs Rthlr. jährlich, und darnach Zwölf Rthlr. jährlich; für den andern Grund, 30 Fuß breit, lang 15 Ruthen, die ersten 6 Jahre, als vorgemeldt, Vier Rthlr., Commissiarien Acht Rthlr. jährlich; für den dritten Grund von 24 Fuß breit 12 Ruthen lang, 2½ Rthlr. in den ersten 6 Jahren, und darnach Fünf Rthlr. jährlich; für den vierten Grund von 20 Fuß breit und 12 Ruthen lang in den ersten 6 Jahren Zwey Rthlr., und darnach Vier Rthlr. jährlich; für den fünften Grund von 18 Fuß breit und 6 Ruthen lang, in den ersten 6 Jahren Ein Rthlr., und darnach Zwey Rthlr. jährlich; für den sechsten Grund von 16 Fuß breit und 5 Ruthen lang, in den ersten 6 Jahren einen halben Rthlr., und darnach Ein Rthlr. jährlich, und für größere oder kleinere pro rata, alles gerechnet die Ruthe zu 12 Fuß, und den Fuß zu 12 Daumen**). 10) Unter dem Bedinge, daß die Regenten der Stadt sollen Macht haben, sothane Gassen, Binnenjahrten, Märkte, Festen und Graffen (welche Festen und Graffen doch nach Unserer gnädigen Bewilligung und Gutachten sollen gemachet werden) anzuordnen und zu machen, als sie zu der Stadt Dienst nöthig zu seyn befinden werden, und dafern einige Häuser in dem Wege stehen, wollen Wir dieselben abbrechen lassen. 11) Nach welcher vorgemeldten Tage jeder Grund stets contribuiren und geschätzet werden soll, zu allen gemeinen Werken, als Festen, Wallen, Gassen, Pforten, Hafen, Brücken, Schleusen, und was mehr zu erster Verfertigung und Unterhaltung aller gemeinen Werke, welche, in so weit sie der Stadt dienstlich, die Einwohner allein auf ihre Kosten zu machen haben, nöthig seyn wird. 12) Und um alles destomehr zu befördern, so wollen Wir zu gemeinen Werken derselben Stadt verehren und schenken, eine gute Parthey Holz, nach der Sachen Erforderung und Unserer Discretion. 13) Auch sollen die ersten Bebauer der Gründe sich in Zeiten oder vor primo Martii zu Tönningen bey ⋯ nahmhaft machen und sich erklären, welche Größe der Gründe sie beginnern wollen, um primo April st. v. die Austheilung der Gründe zu thun, und sollen alsdann bezahlen demjenigen, so vorgemeldet ⋯ ihnen anweisen soll, zum Einkumft Geld und den ersten Umschlag zur Fundation der Stadt als folgt. 1) Das Einkumft-Geld des Grundes von der ersten Größe mit Vierzig Rthlr., und den ersten Umschlag Hundert und Zwanzig Rthlr. 2) Das Einkumft-Geld des Grundes von der zweyten Größe mit Vier und Zwanzig Rthlr., und den ersten Umschlag Achtzig Reichsthaler. 3) Das Einkumft-Geld des Grundes von der dritten Größe mit Sechszehn Rthlr., und den ersten Umschlag Fünfzig Rthlr. 4) Das Einkumft-Geld des Grundes von der vierten Größe mit Zwölf Rthlr. und den ersten Umschlag Vierzig Rthlr. 5) Das Einkumft-Geld des Grundes von der Fünften Größe mit Fünf Rthlr., und den ersten Umschlag Zwanzig Rthlr. 6) Das Einkumft-Geld des Grundes von der sechsten Größe mit Zwey Rthlr., und den ersten Umschlag Zehn Rthlr., und für die größeren und kleineren pro rata. 14) Sollen keine Häuser von Leuten, die Nahrung treiben, binnen der Stadt Bothmäßigkeit, ausserhalb der Stadt gebauet werden mögen, ohne der Stadts-Regenten Consens. 15) Auch sollen keine neue Ausländer auf eine Meile Weges nahe bey dieser Stadt, alwo Unser Gebiet sich so weit erstrecket (es sey denn zwischen der Zeit und so lange, bis ihre Wohnungen fertig wären) ohne Consens, als gemeldet, sich mögen niederlassen. 16) Und sollen die Fabriquen oder Baumeistere, so von den ersteren Bebauern der Gründe zu verordnen, dieser Stadt Geld des ersten Umschlags mögen disponiren, jedoch daß sie davon vorhero ihren Bericht Statthalter und Regenten abstatten und dem Empfänger gute Rechnung thun; die folgenden Umschläge sollen von Bürgermeistern der Stadt gesetzet werden. 17) Auch sollen diejenigen, die sich nach der vorgemeldten Zeit, um einige Gründe anzunehmen, melden werden, allezeit zugelassen und angenommen werden mögen, jedoch sollen sie sodann zufrieden seyn mit verfolgenden Plätzen nach der Ordre und Anweisung des Statthalters, Regenten und Fabriquen oder Baumeistere der Stadt.*) 18) Und sollen alle Gründe an den Ecken der Straßen, der Gemeine der Stadt reserviret bleiben, um ihres Beliebens einige Leute, so Nahrung treiben, nach ihrer Reinlichkeit damit zu accommodiren, jedoch, daß sie nach Proportion der anderen Uns davon vergnüge. 19) Der zur Zeit der Austheilung nicht erscheinet, noch anstatt seiner, einen Bevollmächtigten sendet, um Fabriquen oder Baumeistere zu wählen zu den nöthigen gemeinen Werken, soll sein votum verlieren und sich begnügen lassen mit dem, was beschlossen wird. 20) Auch ist Unsere ausdrückliche Meinung, daß den größten Gründen die besten Plätze vergönnet werden, und daß die ersten Wohnungen von der 5ten und 6ten Größe nur dienen sollen für Arbeiter und Handwerks-Leute. 21) Wie Wir auch verstehen, daß zu dem Gouvernement der Stadt niemand soll admittiret werden, der nicht nebst der nothwendigen Bequemlichkeit, baue oder bewohne Behausungen von der ersten, 2ten,

---

*) Ein öffentlich bekannt gemachter Gränz-Beschl, wodurch das Gebiet der Stadt Friedrichstadt genau bestimmt worden, ist nicht vorhanden.

**) Dieser Maaßstab die Schatzung von den Häusern zu reguliren, ist gegenwärtig nicht mehr in Gebrauch.

*) Vorstehende Bestimmung ist in der Ordn-g von 1640 weggelassen.

oder zum wenigsten von der 3ten Größe. 22) Und so jemand den ersten Umschlag contribuirt hätte, und darnach zurückbliebe zur Zeit des zweiten Umschlags und säumhaft zu bezahlen, so sollen die contribuirten Gelder verfallen an die Gemeine der Stadt. 23) Und damit die Handwerksleute und Arbeiter destomehr accommodiret werden mögen, so wollen Wir vorerst in derselben Stadt lassen zimmern und auf Unsere Kosten machen, so es nöthig zu seyn befunden wird, 100 kleine Häuser, jedes ohngefehr zu 100 Rthlr., die Uns nach Unserm Gutbefinden die Bewohnere auf redliche und erträgliche Terminen wieder bezahlen sollen. 24) Zur Beförderung des Schiffbaues sind Wir auch geneigt, der ersten Compagnie, so solchen Schiffbau unternimmt, in Erkaufung des Holzes in Unsern Landen, so viel thunlich, zu favorisiren und Sorge zu tragen, daß sie darin nicht übersetzet werden, und das Holz über den Wehrt nicht dürfen bezahlen, sondern sollen mit allem möglichen Vortheil darin accommodiret und geholfen werden. 25) Ferner wollen Wir diese Stadt mit zweyen freyen Jahrmärkten, Pferde- und Viehmärkten auf solche Tage, so die Regenten am bequemsten befinden werden, wie auch mit einem Wochenmarkt auf solchen Tag in der Woche, als ihnen gut dünken soll, versehen. 26) Sollen die Einwohnere 20 Jahr frey seyn von allen Schatzungen. 27) Auch sollen sie 20 Jahr genießen Freyheit von Zöllen, Uns allein competirend, und was sie zur Zeit gleich Unsern andern Landes-Einwohnern nicht mehr bezahlen. 28) Und sollen Statthalter und Bürgermeistere, nach vorhero eingeholtem Bericht der Rathspersonen, ein solches Hafengeld auf aus- gehende und einkommende Kaufmannswaaren und Schiffe setzen, als sie zur Unterhaltung des Hafens und fernerer Verfertigung aller Stadtswerke dienst- und nöthig finden werden.*) 29) Auch sollen dieselben machen mögen, solche Beliebungen und Verordnungen, als sie zu der guten Policen derselben Stadt dienlich zu seyn befinden werden, doch daß darüber Unsere Confirmation ausgebeten und erhalten werden soll. 30) Und soll dieselbe Stadt mit keinen Garnisonen noch Kriegesvolk mögen belästiget und beschweret werden, ohne Gutfinden und Consens der Regenten der Stadt, sondern sollen die Bürgere und Einwohnere dieselbe getreulich bewohnen, welche auch keine Soldaten ohne unser Consens und Gutfinden sollen mögen annehmen. 31) Die Einwohnere

*) Das Hafengeld ist, nachdem die Stadt ihren Antheil am Hafen, an den König käuflich überlassen hat, aufgehoben worden.

und ihre Güter sollen in allen Orten Unsers Gebiets nicht mit Arrest beleget werden, besonders sollen für das erste und andere mal innerhalb ihrer Stadt vor Gericht, und zum letzten und dritten Mal vor Uns mögen belanget werden. 32) Und so fern wir auch mit der Zeit vermerken, mit einer Münze gedienet zu seyn, so wollen Wir dieselbe alda anlegen und auch unterhalten. 33) Item, um alles desto besser zu befördern und die Einwohnere (besonders im Anfang) zu befreyen und zu beschirmen wider alle Beschwerniß und Gewalt muthwilliger Menschen, unter welchem Praetext dieselben möchten kommen, es sey zu Wasser oder zu Lande, so wollen Wir nicht weit von dieser Stadt machen und legen lassen auf dem Rande der Eider eine Fortresse oder Schanze, zum wenigsten mit Bollwerken, versehen mit Geschütz, Volk und Krieges-Ammunition, um alle feindliche Schiffe nach aller Möglichkeit zu verbieten und den Einwohnern der vorgemeldten Stadt, in allen Beschwernissen und Noth zu beschirmen und hülfliche Hand zu leisten. 34) Wohl zu verstehen, wann zur Zeit der Austheilung nicht befunden werden, daß sich hierzu verstehen aufs wenigste hundert Personen, die Gründe annehmen von der ersten, zweyten und dritten Größe, und zwenhundert, die Gründe annehmen von der vierten und fünften Größe, daß diese Octroi soll gehalten werden für null und keinen Werth. 35) Und so der Zeit befunden wird werden, daß zum Dienst der Eingesessenen, so begründet, hierinnen etwas versäumet, so wollen Wir nach Begehren der Sachen Uns darüber gnädiglich erklären und weigerlich finden lassen. 36) Wollende allezeit nehmen und behalten die vorgemeldte Stadt unter Unsern gnädigen Schutz samt allen und jeglichen der vorgemeldten Einwohner und ihrer Güter. 37) Wollen und befehlen hiemit allen Unsern Amtleuten und allen und jeden ihren Unterthanen, den vorgemeldten Einwohnern alles solches, was ihnen hiedurch vergönnet, friedlich und unbekümmert gebrauchen zu lassen, ohne ihnen an dem geringsten einigen Abbruch und Hinderung anthun zu lassen, denn solches ist Unsere Willens Meynung. Urkundlich und zu mehrerer Versicherung haben Wir dieses lassen schreiben und samt Unserer gewöhnlichen Unterschrift mit Unserm Fürstlichen Secretsiegel bevestigen lassen. So geschehen auf Unserm Hause zu Gottorff, den Ein und Zwanzigsten October, im Jahr Unsers Herrn und Seligmachers Ein Tausend Sechs Hundert und Zwanzig.

(L. S.) Friederich.

Beilage 3.

Begleitschreiben zum Octroi des Jahres 1619.

Es hat Gottes Güte gefallen, das Herz des durchlauchtigen hochgeborenen Fürsten Friedrich, Erben zu Norwegen, Herzog zu Schleswig-Holstein, der Stormaren und Dithmarschen, Grafen zu Oldenburg und Delmenhorst ꝛc., zu bewegen, den Bekennern der remonstrantisch-reformierten Religion den Bau einer neuen Stadt zu erlauben mit der Regierung und der freien Ausübung ihrer Religion, gemäß dem beigehenden Octroi, das die Sache ausführlich beschreibt und mit bemerkenswerten Privilegien und Freiheiten versehen ist. Dieses Schreiben möge nun dazu dienen, die Angelegenheit als ein nützliches Unternehmen näher bekannt zu machen und den Interessenten auseinander zu setzen, wie sie leicht verwirklicht werden kann, und daß auch die Schwierigkeiten, die einen zurückhalten könnten, leicht zu beseitigen seien.

Allererst sei bemerkt, daß jedermann vor allem das Gottesreich und seine Gerechtigkeit suchen soll. Darum soll dem wahren Christen in dieser Welt nichts angenehmer sein als der Ort, wo er in Freiheit des Gewissens die wahre christliche Religion in der reinsten Weise in brüderlicher Liebe ungehindert ausüben darf. Dies wird man in unsrer Zeit an dem angewiesenen Ort leichter tun können, als an irgend einem sonstigen Ort, und zwar unter einem jungen Fürsten von blühender Mannhaftigkeit, der mit zahllosen Tugenden, wie Gottesfurcht, Gerechtigkeit, Frömmigkeit, Genügsamkeit, Tüchtigkeit, Gutherzigkeit, Freundlichkeit, Liberalität ꝛc. ausgestattet und geschmückt ist. Man wird seines Gleichen in seinem Alter — er ist jetzt etwa zweiundzwanzig — in den Reihen der Christenheit nicht finden. Er hat auch ausschließlich sehr weise, fromme und vernünftige Ratgeber.

Deshalb kann man nicht anders erwarten, als daß man unter ihm eine sichere, lange dauernde und friedliche Regierung haben wird. Auch hat das Herzogtum Holstein seit sechzig Jahren keinen Krieg gehabt. Man soll überdies darauf achten, daß dieser Ort am Eiderstrom zum Handel vom Westen nach dem Osten und vom Osten nach dem Westen, und auch zur Verteilung aller Waren in den Landen Holstein, Schleswig und Dithmarschen sehr günstig liegt. Auch können Schiffe von hundert Last und darüber ohne Mühe bis an die geplante neue Stadt kommen; sie werden am Wall löschen und laden und mit der einen Gezeit von der Stadt ins Meer und mit der andern vom Meer in die Stadt kommen können. Und Schiffe von zweihundert Last und darüber würden auch wohl ankommen können, wenn es nicht ein Steinriff in der Eider gäbe, das auf eine holländische Meile Entfernung von diesem Orte liegt und nicht länger als 30 oder 40 Ruten ist; man meint, daß man mit richtiger Überlegung im Laufe der Zeit diesem Übel wohl abhelfen könne. Es bleibt dort jetzt beim niedrigsten Wasserstand 7 und 8 Fuß Wasser stehen und der gewöhnliche Stand ist 8

oder 9 Fuß; sonst ist überall im Fluß ein guter Ankergrund, und der Fluß bei der Stadt ist gegen 150 Ruten breit. Aber für Schiffe von 200 oder 300 Last werden, wenns Not tut, nicht weit von bannen wohl Winterlager zu finden sein.

Man muß auch in Betracht ziehen, daß schwerlich alle Bequemlichkeiten an einem Orte sich finden.

Die Stadt hat eine lieblichere Luft als irgend eine derjenigen, die näher am Meer liegen, und sie wird auch angenehmer zum Bewohnen sein, und besser zur Verteilung der Kaufwaren liegen, weil man mit Schiffen für die Binnenfahrt von 16 und 18 Last bequem von da nach Rendsburg und Süberstapel wird fahren können. Das liegt vier Meilen von Schleswig entfernt, und dahin wird man über Land im Sommer und im Winter leicht immer alle seinen Waren, wie Tuch, Seide, Spezereien in fünf Stunden oder kürzer transportieren können. Diese Güter können von Schleswig mit dem Schiff nach allen Städten und Orten an der Ostsee mit geringerem Zeitverlust weiter geführt werden.

Es ist wahr, daß ein altes Sprichwort sagt: „Wer lange leben will, der hüte sich vor Eider und Hever", aber die Einfahrt in die Eider ist in den letzten Jahren viel sicherer und schiffbarer gemacht, weil man verschiedene Tonnen und Baken gelegt hat, und dies würde noch besser werden können, wenn die Fahrt ein wenig zunähme, sodaß die Kosten aufgebracht werden könnten und es der Mühe wert sein würde. Jedoch bevorzugen viele diese Einfahrt vor der Hever, Weser, ja sogar der Elbe selber, weil die Tiefe der Elbe oft verläuft. Auch liegt dieser Ort in sehr gutem, fetten Marschland und der Boden ist dort flach. Man kann dort sehr billig Nahrungsmittel kaufen, sodaß man für ein gutes fettes Lamm nicht einmal Mk. 2.50 bezahlen muß; ein gutes Pfund Fleisch kostet ungefähr eine „Braspenning", und zwei „Blanken", ein Huhn mittlerer Qualität kostet einen „Stoter" und drei „Stüvers" und zwanzig Eier ebenso viel. Weizen ist dort gewöhnlich auch billiger und ebenso Gerste. Demgemäß kann man, auf Grund der Billigkeit der Nahrungsmittel und der Freiheit aller Konsumwaren berechnen, daß die Handwerker alle Manufakturwaren viel billiger liefern können, als an andren Orten. Die Vermögenden werden sie aufkaufen und ebenso gut wie aus Holland versenden können. Die Wolle zur Anfertigung der Serge wird man zehn oder fünfzehn Prozent billiger kaufen können, ebenso wie das Material zur Leinweberei.

Auch wird man Holzwaren und alle Bedürfnisse für den Schiffsbau und für die Schiffsausrüstung dort besser und billiger erhalten können.

Und es läßt sich bestimmt annehmen, daß die Menschen niederländischer Nation, was gutes Wirtschaften, Eifer, gute Überlegung und Verstand betrifft, vor der Bevölkerung des Landes viel vorausheben werden und besser ihren Profit machen können, und den Leuten dieses Landes auch mehr durch Einfuhr der ausländischen Waren Vorteil verschaffen können. Denn man weiß aus Erfahrung, daß fast alle Waren und Spezereien aus dem Westen von Amsterdam kommen, und daß diese 10 oder 15 Prozent teurer verkauft werden als in den Läden in Amsterdam, weil die Kaufleute in Eiderstedt mit einem kleinen Gewinn nicht zufrieden sind. Man kann sogar feststellen, daß Waren aus dem Norden selbst in Tönning viel teurer verkauft werden, als es in Holland der Fall ist, obschon man sie leichter bekommen kann. Auch kann man in Tönning und in der benachbarten Gegend genug Gelder in fester Hypothek belegen zu 6 und 7 Prozenten. Aber diejenigen, die nicht auf Gewinn sehen, sondern nur Religionsfreiheit wollen und auf die Sicherheit des Ortes und das billige Leben für Rentiers und Leute, die keine Geschäfte treiben wollen, Wert legen, werden ihre Gelder immer zu mäßigem Zinsfuß, ungefähr zu sechs Prozent in Kiel belegen können, wo am Drei-Königsfest alle übrigen Gelder, nicht nur dieses Landes, sondern auch andrer Staaten und Provinzen verhandelt werden; man muß aber gute Bürgen stellen und sehr pünktlich die Ordnung innehalten.

Die Stadt Kiel liegt ungefähr sieben Meilen von der neuen Stadt entfernt, die Friedrichstadt oder friedensreiche Stadt genannt werden soll, weil dies mit dem Namen des Fürsten und der Eigenart der Stadt wohl übereinstimmen wird. Doch für diejenigen, die Geld frei haben, wird es nicht an Mitteln fehlen, es in der Stadt selber zu verwenden, entweder um Häuser und Schiffe zu bauen, oder um es in den Geschäften tauglicher Leute zu belegen, die nicht so viel Mittel haben werden, wie ihr Handel wohl erfordern dürfte.

Und wenn die Vermögendsten den Handel nicht groß genug achten für ihre Mittel, so können sie ihr Geld auch in Hamburg verwenden; es liegt ungefähr 16 Meilen von hier entfernt. Auch werden diejenigen, die hier ein Haus bauen und nachher aus irgend einem Grund wieder verziehen wollen, zweifelsohne ihre Wohnungen immer mit Vorteil oder wenigstens ohne Schaden verkaufen können; denn es ist klar, daß diese Stadt wohl immer eine Handelsstadt bleiben wird, weil ihre Lage günstig ist, nicht nur für den Handel, sondern auch in Bezug auf die Natur. Sie liegt schön, denn sie ist nur eine Stunde von dem höher liegenden Land mit seinem Gehölze entfernt.

Es wird aber wohl erwogen, daß vielen Leuten die Schwierigkeit, bauen zu müssen, unangenehm sein wird; nicht ohne Grund. Dem halben Jahr voll Schwierigkeiten steht aber gegenüber, daß sie nachher eine Freude, einen Nutzen und eine Bequemlichkeit haben werden, die sie in keiner andern Stadt im Osten, die schon gebaut ist, finden können. Man wird nämlich nur unter Landsleuten wohnen und nicht an das Beachten fremder und ungewohnter Gesetze gebunden sein. Man wird von Leuten der eigenen Nationalität regiert und hat nur gute Justiz sowohl für Fremde als für Einwohner zu erwarten; was in vielen Städten zu ihrem eigenen Schaden ganz anders ist; die Fremden werden dort vor allem sehr parteiisch behandelt. Man muß daher wohl bedenken, daß Handel und Wohlfahrt eine Folge der Gerechtigkeit und der guten Justiz sind.

Überdies werden diese Einwohner in einer reinen Stadt wohnen, der man lobenswerte Privilegien und Ordinationen, sowie gerade und luftige Straßen und Wasserwege geben wird, die man, zum großen Vorteil und zur großen Bequemlichkeit der Einwohner durch die ganze Stadt führen wird, was in den Städten des Ostens recht selten ist.

Überdies werden die Bewohner lustige und bequeme Häuser haben dürfen, nach Landesart und eigner Phantasie gebaut, sowie man es in den meisten Mietswohnungen, zumal in der Fremde, unmöglich finden wird.

Die Unbequemlichkeiten der ersten Zeit sind kurz und können nicht verglichen werden mit den

Unannehmlichkeiten und Schwierigkeiten, die Häuser, Straßen, Städte und Einwohner in der Fremde bieten. Auch werden die Kinder der Niederländer nicht in Berührung kommen müssen mit den Kindern der Einwohner des Landes; sie werden also die üblen Gewohnheiten des Fluchens und Schwörens, die man in andren Städten und Orten vorfindet, weniger übernehmen und man wird sie besser nach der Weise, die man im Vaterlande übte, erziehen können.

Und um einem jeden den Bau leichter zu machen, wird man dafür sorgen, daß allerlei Materialien für einen billigen Preis zu kaufen sind, wenn man sie wenigstens nicht selber von den Orten, wo man meint, sie am billigsten kaufen zu können, beziehen will.

Auch wird es nicht an Zimmerleuten und Maurern fehlen, die unter festen Bedingungen den Bau von Häusern und ihre Lieferung innerhalb einer bestimmten Zeit übernehmen werden. Diejenigen, die während des Baus nicht an Ort und Stelle bleiben wollen, können auf kurze Zeit in Tönning, Schwabstedt, Koldenbüttel oder Süderstapel wohnen; in diesen Orten gibt es viele große Wohnungen, die wohl ein paar Zimmer entbehren können. Auch wäre es möglich, in Schleswig oder Gottorp eine provisorische Wohnung zu suchen. In Gottorp hat der Herzog von Schleswig, Holstein u. s. w. seinen Hof; es ist ein anziehender und angenehmer Ort mit Bergen, Bäumen, Tälern und Gewässern, eine Lust der Augen; auch sind die Nahrungsmittel dort billig. Es wäre aber auch möglich, daß einige Leute vorläufig lieber in Hamburg oder Stade bleiben wollten. Die kleinen Wohnungen oder Häuschen für Handwerker und Arbeiter, mit denen die großen Grundstücke beschwert werden, dürfen nicht zu Bedenken veranlassen, denn es ist gerecht und es gereicht zur Ehre, ja es ist ein Werk der Liebe, den Unvermögenden zu helfen. Es wird auch ohne Schaden und bedeutende Kosten geschehen können und es läßt sich vermuten, daß wohl so viel Vermögende aus gutem Willen solche Wohnungen zimmern lassen werden, daß die Grundstücke zweiter und dritter Größe damit nicht beschwert werden müssen. Auch werden viele Handwerker, nachdem sie sich eine kleine Summe erspart haben, sich ihre Wohnungen kaufen und frei machen wollen. Die öffentlichen Arbeiten werden augenscheinlich nicht zur Last werden, weil die Regenten und Baumeister so billig wie möglich das Geeignetste planen können, auch werden viele Materialien und viel Arbeit für einen mäßigen Preis zu erhalten sein. Die natürliche Lage gibt an jenem Orte viel Gelegenheit zum Wassertransport, eine Eigenschaft, die man bei dem Herbeischaffen von Materialien ausnutzen kann.

Niemand wird teurer bauen müssen als er es selber wünscht.

Diejenigen, die sich nicht auf kurze Zeit an einem andren Ort niederlassen wollen, könnten für ihren Aufenthalt einige Türen und Fensterrahmen anfertigen lassen, die sie mit ihren Möbeln übersenden können, um sich damit ein Hinterhaus oder Unterkommen aus Brettern zu bauen. Man wird Bretter in genügender Zahl vorrätig finden und billig kaufen können. Innerhalb von zwei oder drei Tagen ließe sich in dieser Weise eine provisorische Wohnung bauen, die für einen Sommer genügen dürfte und sich später als Back- oder Waschhaus verwenden ließe. Man könnte sie auch nachher niederreißen und zu Decken verwenden. Wer ein Ladengeschäft einrichten will, soll sich vorläufig mit einer hölzernen Bude behelfen; es ist eben keine Schande, wenn man sich nach Zeit und Gelegenheit einrichtet. Solche Buden wird man nicht entbehren können, weil einstweilen allerlei Bedürfnisse für die Einwohner, Arbeiter, Zimmerleute, Maurer, Holzsäger, Pflasterer, Erdarbeiter, Karrenschieber und dergleichen vorhanden sein müssen.

Des Weiteren soll die Aufmerksamkeit darauf hingelenkt werden, daß man bei günstigem Winde aus dem Vlie nach Tönning in vierundzwanzig Stunden segeln kann und umgekehrt. Von Tönning fährt man in zwei Stunden oder weniger nach der neuen Stadt. Demgemäß soll man die Schlußfolgerung ziehen, daß diese Gelegenheit die beste sei, die man außerhalb der vereinigten Niederlande finden kann und daß sie bei weitem den Vorzug verdient, wenn man sie mit anderen Orten vergleicht, an denen das Klima viel kälter ist, die Leute viel roher sind und die Sprache von der unserigen mehr abweicht. Auch ist Seine fürstliche Gnaden von Holstein mächtig genug, unsere Landsleute und seine Untertanen zu beschirmen; und Seine Majestät von Dänemark, der Onkel des

Herzogs, ist auch durch ein Bündnis mit ihm vereinigt, kraft dessen sie einander bei jeder vorkommenden Belästigung und Gewalttätigkeit gegenseitig helfen müssen.

Nun mögen diejenigen, die es für geraten halten, ihren Wohnsitz nach dieser geplanten Stadt zu verlegen, ihre Namen entweder vereinzelt oder zusammen mit fünf oder sechs, acht oder mehr Personen notieren lassen und eine Erklärung hinzufügen in Bezug auf die Grundstücke und ihre Größen und zwar bei demjenigen, den Jan Gerrits, Bürgermeister von Tönning, oder Caspar Moldinet, der Landschreiber, auf Befehl des Herzogs dazu anweisen werden.

Dem Angewiesenen soll man das Eintrittsgeld und das erste Hauptgeld zahlen und sich darüber Quittung geben lassen. Je eher dies geschieht, desto besser wird es für die Sache sein. Wer einen Freund in Hamburg hat, wird nicht nötig haben zu reisen. Und wer die Gelegenheit der Ochsenschiffe wahrnehmen will, wird seine Möbel mit den geringsten Kosten übersenden können.

Beilage 4.

Gedichte aus der ersten Zeit, die zur Förderung des Baus in Holland verbreitet wurden.

Die hierunter folgenden Gedichte sind dem Staatsarchiv entliehen. Das Konzept zu „einem Jahrregister der merkwürdigsten Geschichten von der Erbauung und dem Anwachs der Friedrichstadt, angefangen aus lauter glaubwürdigen Originaldokumenten zu colligiren, von mir Gerdt van Rintelen" enthält zwei dieser Gedichte, die Vollenhoven in seinen Beiträgen zur Geschichte der rem. ref. Gemeinde in Friedrichstadt nennt.

Glückliche Vorbedeutung für Friedrichstadt.

1.

Höre Wanderer, der du zwischen Eider und Treene mit Staunen eine edle Stadt emporsteigen siehst. Behalte, was hier sich ereignet: Ein edles Geschlecht, das an der Gerechtigkeit festhält, der männliche Teil der Bataver, der es versteht, gerechten Befehlen Gehorsam zu leisten, und von der Sklaverei nichts weiß, hat diese Stadt gegründet.

Der machtlose Eifer der Unduldsamen verwarf sie und vertrieb sie aus dem Vaterlande. Herzog Friedrich, der Mitleid mit den Verbannten hatte, schenkte ihnen diesen Boden, wo die Bataver wieder einen Staat gründen sollen, der durch vaterländische Gesetze regiert werden soll. Da möge die Unschuld dieses Geschlechts sicher bleiben, dahin mögen die freien Nationen zusammenkommen, der Holsteiner, der Dithmarscher und der Schleswiger, und von dort möge die nicht entartete batavische Blüte ausgehen.

Beiderseits rechtschaffen von Herzen, männlich und immer dem gerechten Fürsten treu. Fürsten, seid dem heiligen Unternehmen günstig gesinnt, begünstigt es, Völker, die ihr die Gerechtigkeit und die freie Ausübung der christlichen Religion zu Freundinnen habt, und du Wanderer, der du zusiehst und bemerkst (was hier geschieht), zeuge überall von den Vorzügen der Stadt, die den Musen und dem Handel Freundin ist. Siehe, die Treene durch-

strömt das Ganze mit ihrer süßen Welle und befeuchtet die Felder und die benachbarten Wiesen, die mit ihrer Herde von fettem Vieh hinter keiner anderen zurückstehen. Neptunus begünstigt den Ort durch die Wogen der Eider, die geeignet sind, aus aller Welt die Kaufwaren heranzuführen und die imstande, die ausgezeichneten Früchte des Landes auszuführen. Siehe da in der Nähe die Gipfel der Berge, die mit Recht den Namen „Lieblichkeit" bekommen haben (Lieblichkeit: Suavitas: Schwabstedts Name wird mit kühnem, wenn auch verfehltem Schwung von „Suavitas" abgeleitet). Man könnte sie Helikon oder die Bergrücken des Parnassus nennen. Siehe, Tempe mit ihren lieblichen Waldungen ist von ihnen eingefaßt, wo eine Quelle springt, die heilsames Wasser emporsprudelt. Die Quelle ist Phoebus und Aesculapius geweiht, der Hippokrene von selbst die Siegespalme darreichen wird. Du, Wanderer, du siehst diese großen Dinge und staunst, ich weiß es.

Die Tugend des Herzogs ist jedoch noch höher zu schätzen, und auch seine seltene Rechtschaffenheit und seine fromme Gelehrsamkeit, mit der er Recht vorschreibt und unermüdet beschirmt und immer den Vorsitz in dem heiligen Senat hat, indem er der Eitelkeit und der Trägheit nicht ergeben ist, sondern stets auf das Wohl seiner Untertanen bedacht ist. Ernsthaft und über seine Jahre bedachtsam, denn die Tugend ziert den fürstlichen Geschlechtsbaum. Und es bedeutet nicht wenig, daß der Senat stets mit Eifer in die Spur des Herzogs tritt.

Er ist gelehrt, fromm, hat ein rechtschaffenes und unverdorbenes Herz und er befördert das Heil der Fremden in humaner Weise. Das kannst du, Wanderer, eifrig nachforschen, dann wird nie die frohe Bewunderung und die günstige Weissagung für die Stadt fehlen.

2.

Siehe, der männliche Teil des batavischen Stammes gründet, in seiner Liebe zum Recht und dem Tragen des Joches abgeneigt, Friedrichstadt. Die Liebe zum Frieden überredete sie, die Wohnungen im Vaterlande zu verlassen. Das walte der Führer des Friedens, daß das edle Werk zunehme, das unter deinem Schutz, o Friedrich, du berühmter Held, der du die Reichtümer des Friedens in deinem glücklichen Namen führst, angefangen ist. Die Reichtümer des Friedens schenke derjenige, der die oberste Führung der Dinge in Händen hat, dir, Friedrich, und dir, Friedrichstadt.

3.

Dieses Lied findet sich im Klischee am Kopf unsrer Abhandlung; die Übersetzung findet man in einer Fußnote.

Diese drei Gedichte sind alle von Joannes Narssius Anastasius, Dordracenus Med. D. im Jahre 1622 gemacht.

Ermahnung an die aufrichtigen Holländer zum Bau von Friedrichstadt
im Gebiet Seiner fürstlichen Gnaden von Holstein etc.

PARÆNESIS AD BATAVOS.

Quum populus Solymae captus Babylona petebat,
　Cantabas Threnos, tum, Jeremia, tuos.
Degeneres Batavi quoniam Babylona reducunt,
　Ad THRENAM Vates tristia fata canunt.
O utinam, BATAVE, attendas ac corde recondas
　Quae te fata manent, si tua facta manent!
Heu! fuge, pars melior, Babylona ac litus iniquum
　Ni vis infando subdere colla jugo.
Tempora si pacis vis noscere, Dux tibi Pacis,
　Et tutor fidus Dux FREDERICUS erit.

GHY vrome Bataviers, die eertyts zyt gevveelt
Den toevlucht van het Volck, dat ghy nu (leider!)
　　vreelt;
　Dat uvve Deucht beloont met vangen ende
　　spannen,
　Met roof van goet en bloet, met fmadelyck te
　　bannen;
VVaerdoor u hert benaut gestadelycken sucht,
En onder 't svvaere jock voor svvaerder is beducht;
　Grypt moet! De goede Godt vvil uvver fich
　　ontfermen,
Syn liefde heeft verhoort u clagen ende kermen.
Hy heeft een Helt vervveckt, die opent u syn Lant.
Een jonger Helt, maer out in vvysheit en verstant.
　VViens Conincklyck gemoet in vvoorden ende
　　daden
Vervvonderingh vervveckt by syne vvyse Raden.
Een Helt, die synen tyt met ernst daertoe besteedt,
Dat geenen vromen Christ geschiede eenich leedt.

Übersetzung.
Anregung für die Bataver.

Als das gefangene Volk Jerusalems nach Babylon zog,
Sangst du, Jeremia, deine Klagelieder.
Weil die entarteten Bataver Babylon wiederbringen,
Singen die Dichter an der Treene das traurige Los.
O möchtest du, Bataver, darauf achten und in deinem
　　　　Herzen bewahren,
Welches Schicksal eurer wartet, wenn ihr bei euren
　　　　Taten beharret.
O flüchte, besserer Teil, Babylon und die feind=
　　　liche Küste,
Wenn du deinen Nacken nicht unter das abscheuliche
　　　Joch beugen willst.
Wenn du Zeiten des Friedens kennen lernen willst, so
　　　wird dein Friedensführer
Und dein treuer Beschirmer Herzog Friedrich sein.

Ihr frommen Bataver, die ihr früher die Zu=
flucht des Volkes gewesen seid, das ihr jetzt leider
fürchtet, das eure Tugend mit Ränken und Hinter=
list, mit Raub an Gut und Blut und mit schmäh=
licher Verbannung belohnt, durch das euer Herz in
Angst fortwährend seufzet und unter dem schweren
Joch noch schwereres fürchtet, fasset Mut! Der
gute Gott will sich eurer erbarmen. Seine Liebe
hat euer Klagen und Jammern gehört. Er hat
einen Helden erweckt, der euch sein Land öffnet.
Es ist ein junger Held, doch alt an Weisheit und
Verstand, dessen königliches Gemüt durch Worte
und Taten Verwunderung erregt bei seinen weisen
Räten, ein Held, der seine Zeit mit Ernst dazu
verwendet, daß keinem frommen Christen irgend

Die is met u bevveecht. Die laet u felf aenbieden,
Dat ghy door fyne huld het quade meucht
ontvlieden:
Dat ghy door uvven vred' (den alderhoogften Schat)
Meucht bouvven in fyn lant een Vrede-rycke-Stat.
Een Stadt, die men regeer' nae Batavierfche
VVetten,
Die u Voorfaten heeft des Heeren VVet doen fetten.
Daer uvven Handel fy gantfch vry en onverftoort,
Met vryen Godes-dienft, na Godts befchreven
VVoort.
Oock Vryheit om in 't Lant vveerom te meughe
keere,
Off't Godt believen mocht het quaet daeruyt
te vveeren,
Neemt acht op defe gunft, die u en Vorst bevvyft,
VViens vroom oprecht gemoet hoogh 'ende
leege pryft.
Die ghy door geenen dienft tot u hebt gaen
verplichten,
Maer is alleen bevveecht door Goddelyck'
Infichten:
VVaeruyt hy oock verhoopt door dees barm-
herticheyt
't Heyl van fyn eygen Landt, als Godt heeft toegefeyt.
Gelyck ghy, Hollant, oock voor defen hebt
verkregen.
(Och! hadt ghy niet verfmaet des Heern rycken
fegen!)
Merckt op't gelegen oort, dat u den Vorst vertrout.
Soo fchoonen oort, als oyt de Sonne heeft befchout.
Een lieffelycke Lucht: tvvee dappere Rivieren,
VVaerin, rontom de Stat, veel fchoone Vifchen
zvvieren.
De Treene foet van fmaeck: de Eyder feer bequaem
Tot handel over zee, vvaer dat het heeft een naem.
Het Landt is van gevvas gantfch ryck en
vvelgefegnet:
Soo dat het fchynt dat Godt het Coren daerop
regent,
Tot nootdrufft niet alleen, maer oock tot overvloet;
VVaer door het overall en goede deelingh doet.
Als off feer vvyd in't rond die Vruchten niet
en vielen,
Soo haeltmenfe van daer met veel geladen Kielen.
Het loeyende Gediert' oock foo veel fuyvel geeft,
Dat daerby menich Menfch in and're Landen leeft.
En met fyn fmaeklyck Vleefch kan't foo de
tongh vermaecken,
Dat d' alderleckerft' oock in Hollant daerna
haecken.
Van pluym en vvol gediert, is't rontom even vol.
Oock menich VVilt in 't Velt, en menich in fyn hol.
In fumma, vvat oyt Pan, off Ceres en de Menfchen,
Off oock Diana gaff, dat vint men daer na
vvenfchen.
Soo daernoch yet ombreeckt, gelyck elck Lant
yet faelt,

ein Leid geschehe. Er hat Mitleid mit euch und läßt euch selbst anbieten, daß ihr durch seine Huld der Qual entfliehen mögt und in eurem Frieden, dem allerhöchsten Schatz, in seinem Lande eine friedensreiche Stadt bauen möget, eine Stadt, die man nach batavischen Gesetzen verwalten möge, die eure Vorfahren unter Einwirkung des göttlichen Gesetzes gemacht haben. Da sei euer Handel frei und eure Religion nach Gottes geschriebenem Worte desgleichen. Auch wird euch die Freiheit gelassen, ins Vaterland zurückzukehren, wenn es Gott behagen würde, das Übel aus dem Lande zu vertreiben. Achtet auf die Gunst, die euch von einem Fürsten erwiesen wird, dessen frommes und aufrichtiges Gemüt von einem jeden gepriesen wird; den ihr Euch durch keinerlei Dienst verpflichtet habt; er ist nur durch göttliche Einsicht in die Sache dazu bewogen worden. Kraft dieser Einsicht hofft er auch durch diese Barmherzigkeit das Heil seines eigenen Landes zu fördern, wie Gott es zugesagt hat gleich wie du, Holland, es auch früher bekommen hast. (Ach hättest du den reichen Segen des Herrn nur nicht verschmäht!)

Achtet darauf, daß der Ort, den der Herzog euch anvertraut, günstig gelegen ist; es hat die Sonne nie ein schöneres Land geschaut. Eine liebliche Luft; zwei tüchtige Flüsse, in denen ringsumher viel schöne Fische schwimmen. Die Treene süß von Geschmack; die Eider sehr geeignet für überseeischen Handel, wohin es auch sei. Das Land ist mit Gewächs gar reich und wohl gesegnet, sodaß, scheint, daß Gott Getreide darauf regnet; nicht nur genug zur Notdurft, sondern im Überfluß, sodaß man mit dem übrig bleibenden Korn gute Geschäfte machen kann. Man führt die Früchte mit vielen beladenen Schiffen aus, als gäbe es keine solchen in einem weiten Umkreise. Das Vieh gibt auch soviel Milchprodukte, daß mancher in andren Landen von solch einem Ertrag leben muß. Und mit seinem wohlschmeckenden Fleisch kann es der Zunge so viel Freude bereiten, daß der allerleckerste auch in Holland sich danach sehnen kann. Es ist ringsumher voll von Federvieh und wolltragendem Vieh. Auch gibt es viel Wild im Felde und in Höhlen. Mit einem Wort: was Pan, Ceres und Diana je den Menschen gaben, findet man dort soviel wie man nur wünschen kann.

Wenn dort noch etwas fehlt, wie es in jedem Lande der Fall ist, so habt ihr das Meer dazu,

Daertoe hebt ghy die Zee, vvaerdoor ghy alles haelt.
Neptunus uvven Vriendt met fyn bepeckten
VVagen,
En onvermoeyde Jacht, die falt u veel toe dragen,
't fy VVyn, off Specery', all vry voor minder gelt,
Als daer men met Licent en Impoft is gequelt.
Den Vrede-rycken Vorst vry u van Oorloghs
Laften,
Soo als fyn eygen Volck, en niet als vremde Gaften.
Den Vrede dien hy hout met yeder Potentaet,
Maeckt u oock aengenaem, vvaer dat ghy henen gaet.
'tEn fal u aen geen gunftvan and're Princen feylen,
Off ghy fult vry en vranck het foute Velt bezeylen.
En haelen vvat u luft, oock dat Guineefch Metael,
Om 't vvelcke befich zyn de Menfchen altemael.
VVilt ghy u op't gebercht' in bofschen gaen
vermeyden,
Beneffens groene, hooch en dicht begraefde
vveyden,
De foete Svvaveste die helpt u daervvel aen,
't Sy door de foete Treen, 't fy met een uyr te gaen.
Daer meucht ghy door het hout op bergen
en in dalen
Tot uvvergroote vreucht gaen liefflyck henen
dvvalen,
En dancken uvven Godt, dat hy den Menfch
daet liet
Een Oolterfch Paradyß tot trooft in fyn verdriet.
Dat hy daer heeft verleent een vvater om te baden,
Dat menich Menfche helpt met fieckte fvvaer
beladen.
Een fpringende Fonteyn, vviens dronck heeft
vvonder cracht
Tot vvelftant van den Menfch door Godes alle-
macht.
Hier toe foo meucht ghy vry en onbefchroomt
fpaceren.
Geen roover, geenen vvolff, off ondier fal u
deeren.
Des Somers niet alleen, maet oock in't coudt
faifoen,
Vindt ghy den VVech bequaem, en tamelycken
groen.
Vreeft ghy by vvintertyt van coude te vervriefen?
Van tvveder handen brant meucht ghy den
beften kiefen.
De eenen uyt het VVout, den andern uyt het Moer,
Beyd' iffer veel en goet, en vvel gelegen voer.
Beyd' falmen u te fcheep toe brengen voor u
deuren,
Hoe kan u meer gerief en eenich Landt ge-
beuren?
Hoe kan men meer der deucht u doen in dees'
elendt,
Als defen Vorft u biedt? Siet dat ghy't oock
erkendt.
Alt vvaer't maer dat ghy u tot Godt vry meucht
begeven,

51

alles zu holen. Neptunus, euer Freund mit seinem
bepichten Wagen und seiner unermüdlichen Jagd,
wird es euch wohl hertragen. Wein oder Spezereien,
alles frei und deshalb billiger, als wenn man mit
Lizenz und Impoft (Steuer) gequält wird. Der
friedensreiche Fürft macht euch von Kriegslaften frei,
wie fein eignes Volk und nicht wie fremde Gäfte. Es
wird euch, wo ihr auch hingehet, angenehm gemacht,
durch die friedlichen Verhältniffe, die zwischen dem
Herzog und jedem Potentaten beftehen. Es wird
Euch nicht an Gunft von anderen Fürften fehlen
und ihr werdet auf dem falzigen Feld frei fegeln
und alles, was ihr euch wünfchet, holen können,
auch jenes guineifche Metall, um das fich alle
Menfchen bemühen. Wollt ihr euch auf Bergen
und in Wäldern und in grünen Wiefen mit hohem
und dichtem Gras ergötzen, das liebliche Swabefte
(das liebliche Schwabftedt) verhilft euch dazu. Ihr
erreicht es auf der füßen Treene oder in einer
Stunde zu Fuß. Da könnt ihr durch das Gehölz
auf Bergen und in Tälern zu eurer großen Freude
herrlich umherfchweifen und eurem Gott dafür
danken, daß er dem Menfchen dort ein orientalifches
Paradies zum Trofte in feinem Verdruß gelaffen
hat und daß er da ein Waffer zum Baden gab,
das manchem Menichen, der mit Krankheit fchwer
beladen ift, Hülfe verliehen hat. Es ift eine
fpringende Quelle, deren Waffer wunderbare Kraft
hat und durch Gottes Allmacht dem Wohle des
Menfchen dienlich ift.

Ihr könnt frei und ohne Furcht dahin gehen.
Kein Räuber, kein Wolf oder Untier wird euch
fchaden. Nicht nur im Sommer, fondern auch in
der kalten Jahreszeit findet ihr den Weg in gutem
Zuftande und grün. Fürchtet ihr euch davor, im
Winter vor Kälte zu erfrieren? Ihr mögt von
zweierlei Feuerung das Befte wählen, die eine aus
dem Wald, die andere aus dem Moor; beides ift
in Fülle vorhanden und gut und es liegt alles
günftig zum Transport. Man wird euch beides
im Schiff vor die Tür bringen. Wie kann euch
mehr Bequemlichkeit in einem Lande zu Teil werden?
Wie kann man euch in eurem Elend mehr Gutes
tun als diefer Fürft euch bietet? Sehet zu, daß ihr
es auch anerkennt. Und wäre es nur, daß ihr
euch frei an Gott richten und mit einem frommen
Leben ihm dienen dürfet und fo leicht aus der
Sklaverei erlöfet werdet; das ift eine Wohltat, die
ehemals Holland viel gekoftet hat. Denket: es ift

En dienen hem gerult met een godtlalich leven;
Dat ghy van Slaverny foo lichtlyck vverdt verlolt,
Een vveldaedt die veel eer Hollant veel heeft gekolt.
Denckt, 't is des Heeren ltem: Ick vvil le
nit verachten,
Maer met een danckbaer hert gehoorlaem die
betrachten.
Het lchynt dat Godt hier mee'het middel u vertoont,
VVaerdoor ghy int verderlf des Landes meucht
zyn verlchoont.
't Lant is valt vol gevvelt, en goddelooſe treken,
't Vier der oneenicheit is overal ontlteken.
De Bontgenoten zyn meelt all daervan vervremt:
De middelen vergaen, de herten zyn beclemt.
Godt die de cleyne macht plach vvonderlyck
te ltercken,
Treckt nu lyn hand daeralf om all de booſe
vvercken.
Al laet haer nu en dan vvat beter Hope lien,
Men vindt doch ltoff genoech uyt lulcke Lant
te vlien.
Als Godt Jerulalem eertyts vvou' gaen verderven,
Vermaend' hy't vrome Volck, om niet teſaem
te lterven,
Te vluchten in een Stat, dartoe van hem beraemt,
Niet verr' van den jordaen, die Pella vvas genaemt.
Die delen trouvven raet ter herten vlytich
naemen,
De plagen van de Stat all' onverfeert ont-
quaemen.
Maer vvie des Heeren VVoort veracht heeft of
verlloft,
VVierd deerlyck omgebracht, oft vyantlyck verkolt,
Als Sodoma net drie nae-bygelegen Steden
Te gronde loude gaen om haere bole Seden,
De Heer riep Loth daeruyt, en heeft lyn Volck
verschoont,
Maer't omlien van lyn Vrou' vvierd met de doot
geloont,
Ghy vrome BATAVIERS uPella vvilt opbouvven,
En vvilt niet volgen nae het ommelien de
Vrouvven.
En liet niet al te nauvv of 'tu gelegen is,
Maer loopt haelt uyt den brant, ſo zyghy eerlt gevvis.
Laet ghy daer eenich goet, vvilt daerom niet
belvvycken,
Godts handt is niet vercort om u vveer te
verrycken.
Die Godt heeft tot lyn deel die heeft den hoogſten
lchat.
Daer vred'en vryheit is, daer is een rycke Stat.
Bouvvt dan in Godes naem, en laet Hollant-
sche deuchden,
Voorlichten in u vverck loo lalt voortgaen met
vreuchden.
Laet d' lngeleten lien u ront oprecht gemoet
Met vriendelyck gelaet doet alle Menlchen goet.

die Stimme des Herrn, ich will sie nicht verachten, sondern mit einem dankbaren Herzen in Gehorsam danach handeln. Es scheint, daß Gott euch hiermit das Mittel zeigt, durch das Ihr vor dem Verderben des Landes bewahrt werden dürfet. Das Land ist voll Gewalt und von gottlosen Ränken erfüllt; das Feuer der Uneinigkeit ist überall angezündet. Die Bundesgenossen sind fast alle dem Lande entfremdet; die Mittel gehen aus, die Herzen sind beklommen. Gott, der die kleine Macht wunderbar zu stärken pflegte, zieht jetzt seine Hand von ihr ab, wegen all ihrer bösen Werke. Wenn er auch dem Lande schon dann und wann bessere Hoffnung gibt, dennoch findet man genug Grund, aus solch einem Laude zu fliehen. Als Gott ehemals Jerusalem verderben wollte, ermahnte er das fromme Volk, damit es mit den anderen nicht sterben sollte, nach einer Stadt zu flüchten, die dazu von ihm ausgewählt war, nicht weit vom Jordan, mit dem Namen Pella. Diejenigen, die diesen treuen Rat zu Herzen nahmen, retteten sich von den Plagen, die über die Stadt kamen und blieben unversehrt. Wer aber des Herrn Wort verachtete oder vernachlässigte, wurde jämmerlich umgebracht oder von den Feinden verkauft.

Als Sodom mit drei benachbarten Städten wegen seiner schlechten Sitten zu Grunde gehen sollte, hat Gott Loth aus der Stadt gerufen und er hat sein Volk geschont, jedoch wurde das Umsehen der Frau mit dem Tode gestraft.

Ihr frommen Bataver, bauet euer Pella und achtet nicht auf das sich Umsehen der Frauen und sehet nicht zu genau zu, ob es euch gelegen kommt. Doch lauft schnell aus dem Feuer hinaus, dann seid ihr erst sicher. Laßt ihr irgend etwas von eurer Habe zurück, so sollt ihr euch nicht zu sehr darum kümmern, Gottes Hand ist nicht verkürzt, er kann euch wieder bereichern. Wer Gott auf seiner Seite hat, der hat den größten Schatz. Wo Friede und Freiheit ist, da ist eine reiche Stadt.

Baut denn in Gottes Namen und laßt holländische Tugenden euch bei der Arbeit vorleuchten, dann wird das Werk mit Freuden weiter kommen. Laßt die Einwohner des Landes euer offenes, aufrichtiges Gemüt sehen und tut allen Menschen mit freundlichem Antlitz Gutes. Seid demjenigen, der euch so gütiglich empfangen hat, dankbar und macht, daß er immer mehr nach solch einem Volk verlange. Sehet zumal zu, daß Gott,

VVeeſt danckbaer dien die u ſoo goedicklyck
 ontfangen,
En maeckt dat ſy al meer nae ſulcken Volck
 verlangen.
Voor al liet toe, dat Godt, die u vooralbevrydt,
U nimmermeer met recht ondanckbaerheyt vervvyt'.
 Den grondt van u Geloof vvilt altyt recht
 belyden,
En niet te vverelt vvys u voegen na de tyden.
Houdt ſeker, dat dien Godt, die u 'tgeloove geeſt,
U vvel beſchermen ſal, ſoo ghy het recht beleeft.
 Laet liefde ende trouvv' in uvven Godtsdienſt
 ſchynen,
Oft vvaer ghy hene coemt, ghy ſult vvel haeſt
 verdvvynen.
VVeeſt een hert, eene ſiel: beſorgt malcanders nut.
 Dat is de beſte vvall, vvaer door ghy vverdt
 beſchut.
Affgunſt, en jalouſy, 'tverderff van alle Standen,
Moet verre ſyn gevveert uyt uvve Stat en Landen.
En vvilt ghy zyn bevvaert voor nievve Slaverny,
So lett in tyts opt Volck, dat tracht nae Heerſchappy.
 Neemt acht op deſen raet, off krygt ghy
 ſvvaerder plagen,
 So vvilt niet over my, maer uvve dvvaesheyt
 clagen.

VVeet ghy noch yet te doen dat Chriſtenen vvel paſt,
Om binnens Lants van 't jock te mogen ſy ontlaſt,
 Ick vvilt niet tegen zyn. Maer zyt vvel op u hoede,
Dat men u nier te lang met ydel Hope voede.

der vor allem euer Befreier iſt, euch nimmer mit
Recht Undankbarkeit vorwerfen kann.

Bekennet immer den Grund eures Glaubens
in richtiger Weiſe und fügt euch nicht mit zu
großer Weltklugheit nach den Zeiten. Und haltet
es für ſicher, daß der Gott, der euch den Glauben
gibt, euch beſchirmen wird, wenn ihr richtig dem=
gemäß lebet. Laßt Liebe und Treue in eurer Religion
offenbar werden, oder ihr werdet bald verſchwinden,
wo ihr auch hinkommt. Seid eines Herzens,
einer Seele, nehmet euch eurer Intereſſen an,
das iſt der beſte Wall, durch den ihr beſchützt
werden könnt. Dem Neid und der Eiferſucht, dem
Verderben aller Stände ſoll in eurer Stabt und
in eurem Lande gewehrt werden. Und wollt ihr
vor neuer Sklaverei ſicher ſein, achtet dann zur
rechten Zeit auf das Volk, das nach der Herrſchaft
ſtrebt. Achtet auf dieſen Rat, aber klagt nicht
über mich, ſondern über euch ſelbſt, wenn ihr
ſchwerer geplagt werdet.

Wißt ihr noch etwas, das Chriſten geziemt,
damit ihr innerhalb des Landes vom Joch befreit
werdet, ſo will ich mich nicht dagegen ſträuben.
Hütet euch aber wohl und nähret euch nicht zu
lange mit eitler Hoffnung.

Beilage 5.

Eidesformel, die die erſten Bürger zu leiſten hatten.

Ich, Jarich van der Ley, gelobe und ſchwöre hiermit zu Gott dem Allmächtigen einen leiblichen Eidt, nachdem der durchlauchtige, hochgeborene Fürſt und Herr, Herr Friederich, Erbe zu Norwegen, Herzog zu Schleswig-Holſtein, mein gnediger Fürſt und Herr mich zu J. H. f. g. Untertahnen in dero ſchuz und Proteetion gnediglig auf und angenommen, daß demnach J. H. f. g. ich getreu huldt und gewertig bin den nuz und frommen beſtes Fleißes ſuchen und befördern, Schaden und Nachteil äußerſtes Vermögen abwenden und verhüten helfen und mich gegen Ihre f. g. wie einem getreuen und beeidigten Untertanen wohl anſtehet, eignet und gebühret allerdings verhalten und bezeigen wolle. So wahr mir Gott helfe zeitig und Ewiglich.

Ick ondergeschrevene hebbe op huyden den 5. Juli 1622 den boven geschrevenen eet zin handen van den Heer Camersecretarius leiflyck afgelegt en gepresteert . . . . .

Jarich van der Ley.

Bemerkung: Seite 5 ſteht in der Anmerkung eine Verweiſung auf Beilage 1 und 2. Es ſoll auf Beilage 2, 3 und 4 verwieſen werden.

www.ingramcontent.com/pod-product-compliance
Lightning Source LLC
Chambersburg PA
CBHW052215240426
43670CB00037B/638